#홈스쿨링
#초등 영어 독해 기초력

똑똑한
하루
Reading

똑똑한 하루 Reading
시리즈 구성 Level 1~4

Level 1 A, B
3학년 영어

Level 2 A, B
4학년 영어

Level 3 A, B
5학년 영어

Level 4 A, B
6학년 영어

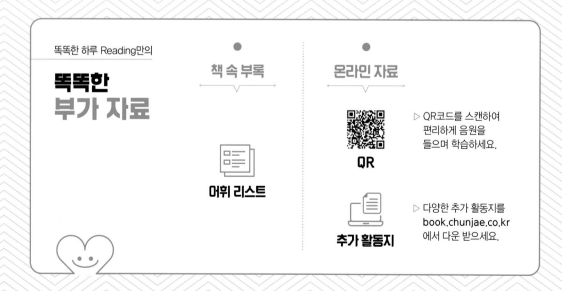

똑똑한 하루 Reading만의

똑똑한 부가 자료

책 속 부록

어휘 리스트

온라인 자료

QR

▷ QR코드를 스캔하여 편리하게 음원을 들으며 학습하세요.

추가 활동지

▷ 다양한 추가 활동지를 book.chunjae.co.kr 에서 다운 받으세요.

똑똑한 하루 Reading ♥

4주 완성 스케줄표

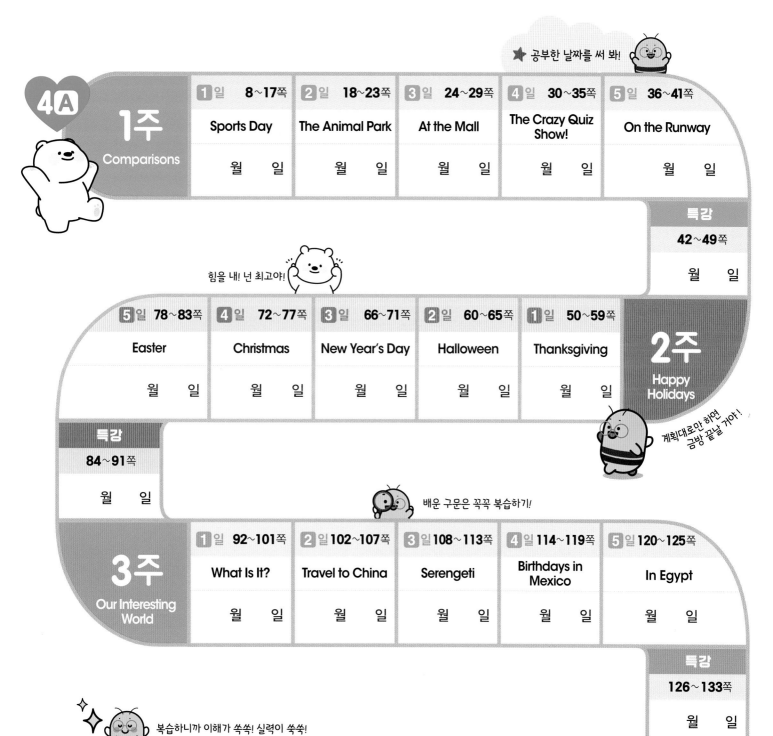

⭐ 공부한 날짜를 써 봐!

4A

1주 Comparisons

1일 8~17쪽	2일 18~23쪽	3일 24~29쪽	4일 30~35쪽	5일 36~41쪽
Sports Day	The Animal Park	At the Mall	The Crazy Quiz Show!	On the Runway
월 일	월 일	월 일	월 일	월 일

특강
42~49쪽
월 일

힘을 내! 넌 최고야!

2주 Happy Holidays

5일 78~83쪽	4일 72~77쪽	3일 66~71쪽	2일 60~65쪽	1일 50~59쪽
Easter	Christmas	New Year's Day	Halloween	Thanksgiving
월 일	월 일	월 일	월 일	월 일

계획대로만 하면 금방 끝날 거야!

특강
84~91쪽
월 일

배운 구문은 꼭꼭 복습하기!

3주 Our Interesting World

1일 92~101쪽	2일 102~107쪽	3일 108~113쪽	4일 114~119쪽	5일 120~125쪽
What Is It?	Travel to China	Serengeti	Birthdays in Mexico	In Egypt
월 일	월 일	월 일	월 일	월 일

특강
126~133쪽
월 일

복습하니까 이해가 쏙쏙! 실력이 쑥쑥!

4주 The Environment

특강	5일 162~167쪽	4일 156~161쪽	3일 150~155쪽	2일 144~149쪽	1일 134~143쪽
168~175쪽	Upcycling	Earth Hour	The 3Rs	Polar Bears in Danger	For the Earth
월 일	월 일	월 일	월 일	월 일	월 일

똑똑한 하루 Reading

똑똑한 QR 사용법

QR 음원 편리하게 듣기

1. 표지의 QR 코드를 찍어
   리스트형으로 모아 듣기

2. 교재의 QR 코드를 찍어 바로 듣기

편하고 똑똑하게!

Chunjae
Makes
Chunjae

▼

편집개발　임성란, 오은진, 김주영, 박영미, 유경주
디자인총괄　김희정
표지디자인　윤순미, 이주영
내지디자인　박희춘, 이혜미
제작　황성진, 조규영

발행일　2022년 6월 1일 초판　2022년 6월 1일 1쇄
발행인　(주)천재교육
주소　서울시 금천구 가산로9길 54
신고번호　제2001-000018호
고객센터　1577-0902

똑 똑 한

하루
Reading

6학년 영어

4A

구성과 활용 방법

한 주 미리보기

미리보기 만화

미리보기 활동

- 재미있는 만화를 읽으며 이번 주에 공부할 내용을 생각해 보세요.
- 간단한 활동을 하며 이번 주에 배울 단어와 구문을 알아보세요.

step 1

- 재미있는 만화를 읽으며 오늘 읽을 글의 내용을 생각해 보세요.
- QR 코드를 찍어 새로 배울 단어나 어구를 듣고 써 보세요.

step 2

- 쉬운 글을 읽고 글의 주제를 알아보고 주요 구문을 익혀 보세요.
- QR 코드를 찍어 글을 듣고 한 문장씩 따라 읽어 보세요.
- 문제를 풀어 보며 글을 잘 이해했는지 확인해 보세요.

다양한 활동을 하며 오늘 배운 단어와
주요 구문을 복습해 보세요.

누구나 100점
TEST

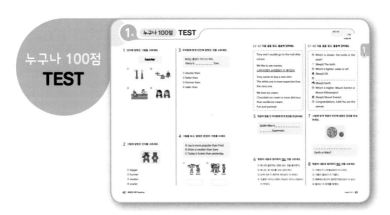

문제를 풀어 보며 한 주 동안 배운 내용을 얼마나
잘 이해했는지 확인해 보세요.

Brain Game Zone

한 주 동안 배운 내용을 창의·사고력 게임으로
재미는 두 배, 사고력은 UP!

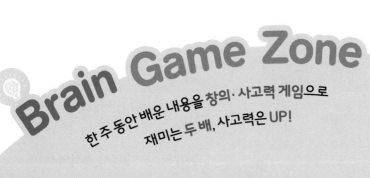

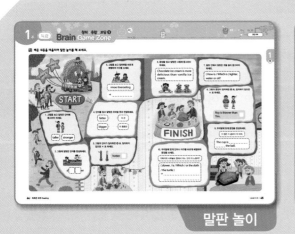

말판 놀이

창의·사고력 게임

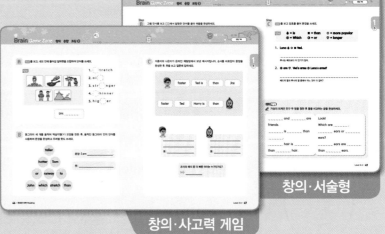

창의·서술형

똑똑한 하루 Reading # 공부할 내용

1주 Comparisons

일	단원명	주제	구문	쪽수
1일	Sports Day	사람 비교	A+be동사+비교급+than B.	12
2일	The Animal Park	동물 비교	A+be동사+비교급+than B.	18
3일	At the Mall	사물 비교	A+be동사+more 형용사/부사+than B.	24
4일	The Crazy Quiz Show!	비교 묻기	Which+be동사+비교급, A or B?	30
5일	On the Runway		1~4일 복습	36
특강		누구나 100점 TEST **& Brain Game Zone**		42

2주 Happy Holidays

일	단원명	주제	구문	쪽수
1일	Thanksgiving	명절 ①	주어+need a lot of+명사.	54
2일	Halloween	명절 ②	주어+try+대명사 목적어+on.	60
3일	New Year's Day	명절 ③	주어+help+동사원형 ~.	66
4일	Christmas	명절 ④	주어+give+물건+to+사람.	72
5일	Easter		1~4일 복습	78
특강		누구나 100점 TEST **& Brain Game Zone**		84

일	단원명	주제	구문	쪽수
1일	What Is It?	예술	Who+과거형 동사 ~?	96
2일	Travel to China	중국	I hope to+동사원형 ~.	102
3일	Serengeti	탄자니아	I wish to+동사원형 ~.	108
4일	Birthdays in Mexico	멕시코	주어+start+동사원형ing ~.	114
5일	In Egypt		1~4일 복습	120
특강	누구나 100점 TEST & **Brain Game Zone**			126

3주
Our Interesting World

일	단원명	주제	구문	쪽수
1일	For the Earth	물과 에너지 절약	We need to+동사원형 ~.	138
2일	Polar Bears in Danger	멸종 위기 동물	Don't forget to+동사원형 ~.	144
3일	The 3Rs	줄이기, 재사용, 재활용	How about+동사원형ing ~?	150
4일	Earth Hour	지구촌 전등 끄기	for+시간 명사	156
5일	Upcycling		1~4일 복습	162
특강	누구나 100점 TEST & **Brain Game Zone**			168

4주
The Environment

하루 구문 미리보기

♥ 어떤 사건이나 사실이 언제 일어났는지를 나타내는 시제에 대해 미리 알아볼까요?

현재

현재의 사실이나 습관을 나타내요. be동사의 현재형은 am, are, is이고, 일반동사의 현재형은 동사원형 또는 동사원형에 s나 es를 붙여요.

I am a student. 나는 학생이야.
He likes bread. 그는 빵을 좋아해.

현재진행

지금 하고 있는 일을 나타내요. 「be동사 + 동사원형ing」의 형태로 써요.

They are playing soccer. 그들은 축구를 하고 있어.
She is studying English. 그녀는 영어 공부를 하고 있어.

과거

과거에 일어난 일을 나타내요. be동사의 과거형은 was, were이고, 일반동사의 과거형은 대개 동사원형에 ed를 붙이는데, 불규칙하게 변화하는 것도 있어요.

He was at home. 그는 집에 있었어.
I cleaned my room. 나는 내 방을 청소했어.

미래

앞으로 일어날 일이나 계획을 나타내요. 「will + 동사원형」 또는 「be going to + 동사원형」의 형태로 써요.

We will do our best. 우리는 최선을 다할 거야.
She is going to help me. 그녀는 나를 도와줄 거야.

함께 공부할 친구들

나은 어른스럽고 똑똑한 척척박사

지훈 다정하고 마음 따듯한 친구

버디 귀여운 알리 단짝 악어새

알리 게임을 좋아하는 장난꾸러기 악어

1주에는 무엇을 공부할까? ①

🎁 재미있는 이야기로 이번 주에 공부할 내용을 알아보세요.

Comparisons 비교

주차 공부할 내용

① Sports Day　② The Animal Park　③ At the Mall
④ The Crazy Quiz Show!　⑤ On the Runway

A

◉ 여러분의 친구 중 두 명을 골라 비교해 보세요.

A is ~ than B. A는 B보다 더 ~해.

taller

shorter

faster

slower

stronger

weaker

B

여러분의 주변에 있는 사물 중 두 개를 골라 비교해 보세요.

A is ~ than B. A는 B보다 더 ~해.

more interesting

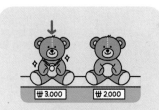

more expensive

more delicious

more wonderful

운동회

사람 비교

Sports Day

🎁 **재미있는 이야기로 오늘 읽을 글의 내용을 생각해 보세요.**

New Words　오늘 배울 단어를 듣고 써 보세요.

taller 키가 더 큰

shorter 키가 더 작은

faster 더 빠른

slower 더 느린

stronger 더 힘센

weaker 더 약한

Sports Day

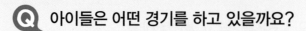

Q 아이들은 어떤 경기를 하고 있을까요?

Today is Sports Day.
Many children are on
the playground.

Amy and Kate are racing.
Amy is faster than Kate.
Kate is slower than Amy.

하루 구문

A + be동사 + 비교급 + than B. A는 B보다 더 ~해.

비교급은 두 개의 대상을 비교할 때 쓰이는 표현으로, 형용사나 부사가
1음절인 경우에는 -er을 붙여서 나타내요.

nice나 cute와 같이 -e로 끝나는
1음절 단어는 r만 붙여요.

Sam and Mark are playing basketball.

Sam is taller than Mark.

Mark is shorter than Sam.

Tom and Jack are playing
tug-of-war.

Tom is stronger than Jack.

Jack is weaker than Tom.

Let's Check ✓

정답 1쪽

문장을 읽고 글의 내용과 일치하면 T, 일치하지 않으면 F에 동그라미 하세요.

1. Many children are on the mountain. T F

2. Amy is faster than Kate. T F

3. Sam and Mark are playing baseball. T F

Let's Practice 집중 연습

 그림에 알맞은 단어가 되도록 알파벳을 바르게 배열하여 쓰세요.

1.

h s r t r e o

_____

2.

k e w r e a

_____

3.

t f a e s r

_____

B 그림에 알맞은 단어를 보기 에서 골라 문장을 완성하세요.

| 보기 | stronger | slower | taller |

1.

Jake is _____ than Ben.

2.

Emily is _____ than Judy.

C 그림에 알맞은 문장을 완성하세요.

1.

Julie is _____ _____ Ann.

줄리는 앤보다 키가 더 작아.

2.

Tom is _____ _____ David.

톰은 데이비드보다 힘이 더 세.

D 그림에 맞게 단어를 바르게 배열하여 문장을 쓰세요.

1.

(than / is / Paul / weaker / Tony)

_____

폴은 토니보다 힘이 더 약해.

2.

(faster / Jina / Mindy / than / is)

_____

지나가 민디보다 더 빨라.

동물 공원

동물 비교

The Animal Park

📦 **재미있는 이야기로 오늘 읽을 글의 내용을 생각해 보세요.**

New Words　오늘 배울 단어를 듣고 써 보세요.

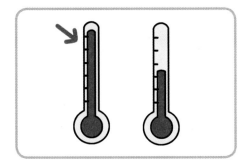

hotter 더 더운

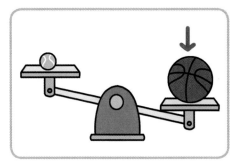

heavier 더 무거운

scarier 더 무서운

bigger 더 큰

fatter 더 뚱뚱한

funnier 더 우스꽝스러운

The Animal Park

Q 그림 속 어떤 동물이 원숭이보다 더 게을러 보일까요?

I visit the animal park.

Today is hotter than yesterday.

Look at the alligator.

It is heavier than the lion.

It looks scarier than the hippo.

하루 구문

A + be동사 + 비교급 + than B. A는 B보다 더 ~해.

형용사나 부사가 hot처럼 「단모음+단자음」으로 끝나면 마지막 자음을 한 번 더 쓰고 er을 붙이지만, heavy처럼 2음절이면서 「자음+y」로 끝나면 y를 i로 고치고 er을 붙여요.

비교급 문장은 be동사뿐만 아니라 look처럼 일반동사를 쓸 수도 있어요.

Look at the elephant.
It is bigger than the tiger.
It looks lazier than the monkey.

Look at the chameleon.
It is fatter than the snake.
It looks funnier than the turtle.

Let's Check

정답 2쪽

글의 내용과 일치하도록 괄호 안에서 알맞은 것을 골라 동그라미 하세요.

1. The boy visits the (cafeteria / animal park).

2. The alligator looks scarier than the (hippo / penguin).

3. The elephant is bigger than the (bear / tiger).

Let's Practice 집중 연습

 A 그림에 알맞은 단어를 찾아 동그라미 한 후 빈칸에 쓰세요.

1.

s w a b i g g e r t

2.

w h o t t e r p n j

3.

k o b h e a v i e r

B 그림에 알맞은 단어를 보기 에서 골라 문장을 완성하세요.

보기   fatter   scarier   funnier

1.

The chameleon is _____ than the snake.

2.

The alligator looks _____ than the hippo.

C 그림에 알맞은 문장을 완성하세요.

1.

The elephant is _____ _____ the tiger.

코끼리는 호랑이보다 더 커.

2.

The chameleon is _____ _____ the turtle.

카멜레온이 거북이보다 더 우스꽝스러워.

D 그림에 맞게 단어나 어구를 바르게 배열하여 문장을 쓰세요.

1.

(hotter / Today / than / is / yesterday)

_____

오늘은 어제보다 더 더워.

2.

(The alligator / the lion / is / than / heavier)

_____

악어는 사자보다 더 무거워.

At the Mall

몰에서 · 사물 비교

재미있는 이야기로 오늘 읽을 글의 내용을 생각해 보세요.

24 • 똑똑한 하루 Reading

New Words 오늘 배울 단어나 어구를 듣고 써 보세요.

more interesting 더 흥미로운

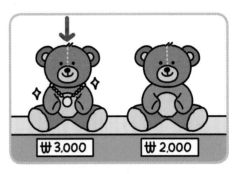

more expensive 더 비싼

more delicious 더 맛있는

after school 방과 후에

navy 남색

fun 재미있는

At the Mall

Q 그림 속 영화관에는 어떤 포스터들이 있을까요?

Tony and I usually go to the mall after school.

We like to see movies.

Spider-Man is more interesting than *Superman*.

A + be동사 + more 형용사/부사 + than B.
A는 B보다 더 ~해.

형용사나 부사가 interesting처럼 2음절 이상일 때는 앞에 more를 써서
비교급을 나타내요.

more를 써서 비교급을 나타내는
형용사로는 wonderful, careful,
famous 등도 있어요.

Tony wants to buy a new shirt.
The white one is more
expensive than the navy one.

We love ice cream.
Chocolate ice cream is more delicious than
vanilla ice cream.
Fun and yummy!

 Let's Check

정답 3쪽

문장을 읽고 글의 내용과 일치하면 T, 일치하지 않으면 F에 동그라미 하세요.

1. The boys usually go to the gallery after school.   T F

2. The white shirt is more expensive than the red shirt.   T F

3. The boys love chocolate ice cream.   T F

Let's Practice 집중 연습

 그림에 알맞은 단어나 어구가 되도록 알파벳을 바르게 배열하여 쓰세요.

1.

remo
evisepxen

2.

u f n

3.

emro
cildiusoe

B 그림에 알맞은 단어나 어구를 보기 에서 골라 문장을 완성하세요.

보기　　navy　　after school　　more interesting

1.

We usually go to the mall _____.

2.

The white dress is more expensive than the _____ dress.

▶정답 3쪽

C 그림에 알맞은 문장을 완성하세요.

1.

Spider-Man is ⬚ ⬚

⬚ *Superman.*

스파이더맨이 슈퍼맨보다 더 재미있어.

2.

The white shirt is ⬚ ⬚

⬚ the navy shirt.

하얀색 셔츠가 남색 셔츠보다 더 비싸.

D 그림에 맞게 단어나 어구를 바르게 배열하여 문장을 쓰세요.

1.

(The blue cap / more expensive / is / than / the red cap)

_____

파란색 모자가 빨간색 모자보다 더 비싸.

2.

(more delicious / Chocolate ice cream / than / vanilla ice cream / is)

_____

초콜릿 아이스크림이 바닐라 아이스크림보다 더 맛있어.

이상한 퀴즈 쇼!

The Crazy Quiz Show!

재미있는 이야기로 오늘 읽을 글의 내용을 생각해 보세요.

New Words 오늘 배울 단어를 듣고 써 보세요.

7

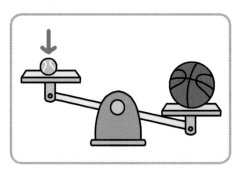

lighter 더 가벼운

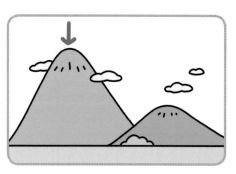

higher 더 높은

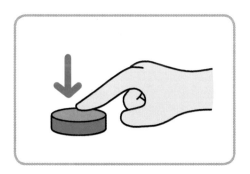

press 누르다

sloth 나무늘보

oil 기름

winner 우승자

The Crazy Quiz Show!

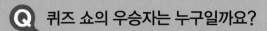

Q 퀴즈 쇼의 우승자는 누구일까요?

Welcome to the Crazy Quiz Show!

Listen carefully and press the buzzer, please.

Which is slower, the turtle or the sloth?

(Beep!) The sloth.

Which is lighter, water or oil?

(Beep!) Oil.

Which is bigger, Earth or Mars?

(Beep!) Earth.

Which is higher, Mount Everest or Mount Kilimanjaro?

(Beep!) Mount Everest.

Congratulations, Julie! You are the winner.

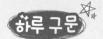

Which + be동사 + 비교급, A or B?

A와 B 중에 어느 것이 더 ~해?

두 개의 대상을 비교하여 묻는 표현이에요. 이때 Which는 '어느 것'이라는 뜻의 의문사이고, or는 '또는', '혹은'이라는 뜻의 접속사예요.

의문사로 묻는 의문문에는
Yes나 No로 대답하지 않아요.

Let's Check

정답 4쪽

글의 내용과 일치하도록 빈칸에 알맞은 것을 고르세요.

1. Oil is _____ than water.

   ⓐ heavier   ⓑ slower   ⓒ lighter

2. Mount Everest is _____ than Mount Kilimanjaro.

   ⓐ bigger   ⓑ higher   ⓒ slower

Reading

Let's Practice 집중 연습

A 그림에 알맞은 단어를 찾아 동그라미 한 후 빈칸에 쓰세요.

1.

onzhigherw

_____

2.

jaslothmpo

_____

3.

oilkwjeyb

_____

B 그림에 알맞은 단어를 보기 에서 골라 문장을 완성하세요.

보기   winner   lighter   press

1.

You are the _____.

2.

Listen carefully and _____ the buzzer, please.

C 그림에 알맞은 문장을 완성하세요.

1.

_____ is _____, water or oil?

물과 기름 중에서 어느 것이 더 가벼울까?

2.

_____ is _____, Mount Everest or

Mount Kilimanjaro?

에베레스트산과 킬리만자로산 중에서 어느 것이 더 높을까?

D 그림에 맞게 단어나 어구를 바르게 배열하여 문장을 쓰세요.

1.

(slower, / Which / the turtle / or the sloth / is)

거북이와 나무늘보 중에서 어느 것이 더 느릴까?

2.

(Earth / bigger, / is / Which / or Mars)

_____

지구와 화성 중에서 어느 것이 더 클까?

On the Runway 런웨이에서 1~4일 복습

📦 재미있는 이야기로 오늘 읽을 글의 내용을 생각해 보세요.

New Words   오늘 배울 단어나 어구를 듣고 써 보세요.

thinner 더 마른

darker 더 어두운

smaller 더 작은

more popular 더 인기 있는

runway (패션쇼 등의) 런웨이

stretch 늘이다

On the Runway

Q 베드와 루나 중에 누구의 팔이 더 길까요?

Ved and Luna take part in a fashion show.

They are walking on the runway.

Ved is thinner than Luna.

Luna's hair is darker than Ved's hair.

Ved's ears are smaller than Luna's ears.

Luna is more popular than Ved.

하루 구문 복습!

A + be동사 + 비교급 + than B. A는 B보다 더 ~해.
A + be동사 + 비교급 + than B. A는 B보다 더 ~해.
A + be동사 + more 형용사/부사 + than B. A는 B보다 더 ~해.
Which + be동사 + 비교급, A or B? A와 B 중에 어느 것이 더 ~해?

Which are longer, Ved's arms or
Luna's arms?
Look! Luna is stretching out her arms!

정답 5쪽

문장을 읽고 글의 내용과 일치하면 Ⓣ, 일치하지 않으면 Ⓕ에 동그라미 하세요.

1. Ved and Luna take part in a talent show.   Ⓣ   Ⓕ

2. Luna's hair is darker than Ved's hair.   Ⓣ   Ⓕ

3. Ved's arms are shorter than Luna's arms.   Ⓣ   Ⓕ

Let's Practice 집중 연습

 A 그림에 알맞은 단어를 찾아 동그라미 한 후 빈칸에 쓰세요.

opwd**arker**bm**thinner**enfs**maller**

1.

2.

3.

 B 그림에 알맞은 단어나 어구를 보기 에서 골라 문장을 완성하세요.

보기　　runway　　more popular　　stretch

1.

They are walking on the _____.

2.

Ken is _____ing out his arms!

▶정답 5쪽

C 그림에 알맞은 문장을 완성하세요.

1.

James is 〔　　　　〕　　〔　　　　〕 Tommy.

제임스는 토미보다 더 말랐어.

2.

Olivia is 〔　　　　〕 〔　　　　〕 〔　　　　〕

Sally.

올리비아는 샐리보다 더 인기가 많아.

D 그림에 맞게 단어나 어구를 바르게 배열하여 문장을 쓰세요.

1.

(darker / John's hair / Cindy's hair / is / than)

_____

존의 머리카락은 신디의 머리카락보다 색깔이 더 진해.

2.

(longer, / are / Which / or Koko's arms / Abu's arms)

_____

아부의 팔과 코코의 팔 중에서 어느 것이 더 길까?

1 단어에 알맞은 그림을 고르세요.

heavier

① ②

③  ④

2 그림에 알맞은 단어를 고르세요.

① bigger
② funnier
③ weaker
④ scarier

3 우리말에 맞게 빈칸에 알맞은 것을 고르세요.

해리는 톰보다 키가 더 작아.
Harry is ＿＿＿＿＿＿＿ Tom.

① shorter than
② fatter than
③ thinner than
④ taller than

4 그림을 보고, 알맞은 문장의 기호를 쓰세요.

ⓐ Jay is more popular than Fred.
ⓑ Brian is weaker than Sam.
ⓒ Today is hotter than yesterday.

(1)
Sam   Brian

(2)
Jay   Fred

[5~6] 다음 글을 읽고, 물음에 답하세요.

Tony and I usually go to the mall after school.

We like to see movies.
<u>스파이더맨이 슈퍼맨보다 더 재미있어.</u>

Tony wants to buy a new shirt.
The white one is more expensive than the navy one.

We love ice cream.
Chocolate ice cream is more delicious than vanilla ice cream.
Fun and yummy!

5 윗글의 밑줄 친 우리말에 맞게 문장을 완성하세요.

> *Spider-Man* is _____ _____
> _____ *Superman*.

6 윗글의 내용과 일치하지 <u>않는</u> 것을 고르세요.

① 토니와 글쓴이는 영화 보는 것을 좋아한다.

② 토니는 새 셔츠를 사고 싶어 한다.

③ 남색 셔츠가 하얀색 셔츠보다 더 비싸다.

④ 초콜릿 아이스크림이 바닐라 아이스크림보다 더 맛있다.

[7~8] 다음 글을 읽고, 물음에 답하세요.

Which is slower, the turtle or the sloth?

(Beep!) The sloth.

Which is lighter, water or oil?

(Beep!) Oil.

_____

(Beep!) Earth.

Which is higher, Mount Everest or Mount Kilimanjaro?

(Beep!) Mount Everest.

Congratulations, Julie! You are the winner.

7 그림에 맞게 윗글의 빈칸에 알맞은 문장을 완성하세요.

> _____ _____ _____,
>
> Earth or Mars?

8 윗글의 내용과 일치하지 <u>않는</u> 것을 고르세요.

① 거북이가 나무늘보보다 더 느리다.

② 기름이 물보다 더 가볍다.

③ 에베레스트산이 킬리만자로산보다 더 높다.

④ 줄리는 두 문제를 맞혔다.

📎 배운 내용을 떠올리며 말판 놀이를 해 보세요.

START

1. 그림을 보고 알맞은 단어에 동그라미 하세요.

taller   stronger

2. 그림에 알맞은 단어를 완성하세요.

sl □ □ er

3. 그림과 단어가 일치하면 O 표, 일치하지 않으면 X 표 하세요.

hotter □

4. 단어를 읽고 알맞은 우리말 뜻과 연결하세요.

fatter ·   · 더 큰

bigger ·   · 더 뚱뚱한

5. 그림을 보고 알파벳을 바르게 배열하여 어구를 쓰세요.

rmoe itnerseitng

→ _____

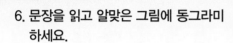

6. 문장을 읽고 알맞은 그림에 동그라미 하세요.

Chocolate ice cream is more delicious than vanilla ice cream.

7. 괄호 안에서 알맞은 것을 골라 동그라미 하세요.

(How is / Which is) lighter, water or oil?

8. 그림과 문장이 일치하면 ○ 표, 일치하지 않으면 × 표 하세요.

Tim   Roy

Roy is thinner than Tim.

9. 우리말에 맞게 문장을 완성하세요.

그 컵은 그 공보다 더 비싸.

The cup is _____ _____ _____ the ball.

10. 우리말에 맞게 단어나 어구를 바르게 배열하여 문장을 쓰세요.

거북이와 나무늘보 중에서 어느 것이 더 느릴까?

(slower, / is / Which / or the sloth / the turtle)

→ _____

_____

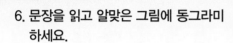

A 를 보고, 네모 안에 들어갈 알파벳을 조합하여 단어를 쓰세요.

단서

1. ☐ t r e t c h

2. o i ☐

3. s t r ☐ n g e r

4. ☐ h i n n e r

5. h i g ☐ e r

단어: _____

B 동그라미 세 개를 움직여 역삼각형(▽) 모양을 만든 후, 움직인 동그라미 안의 단어를 사용하여 문장을 완성하고 우리말 뜻도 쓰세요.

taller

hotter   Tom

or   runway   to

John   which   stretch   than

문장: I am _____.

뜻: _____

C 지훈이와 나은이가 온라인 채팅방에서 보낸 메시지입니다. 순서를 바로잡아 문장을 완성한 후, 뜻을 쓰고 질문에 답하세요.

| faster | Ted is | than | Joy |

| faster | Ted | Harry is | than |

뜻: _____

뜻: _____

조이와 해리 중 더 빠른 아이는 누구인가요?

➡ _____

Step A 그림 단서를 보고 보기에서 알맞은 단어를 골라 퍼즐을 완성하세요.

보기   thinner   darker   runway   stretch

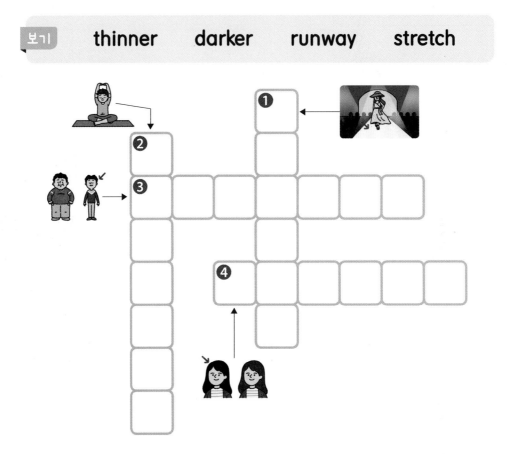

Step B Step A 의 단어를 사용하여 글을 완성하세요.

Ved and Luna take part in a fashion show.
They are walking on the
_____.
Ved is _____ than Luna.
Luna's hair is _____ than Ved's hair.

Ved's ears are smaller than Luna's ears.
Luna is more popular than Ved.
Which are longer, Ved's arms or Luna's arms?
Look! Luna is _____ing out her arms!

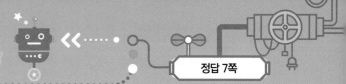

Step C

단서 를 보고 암호를 풀어 문장을 쓰세요.

단서 ♠ = is   ■ = than   ○ = more popular
      ⊙ = Which   ◑ = or   ♡ = longer

1. Luna ♠ ○ ■ Ved.

_____

루나는 베드보다 더 인기가 많아.

2. ⊙ are ♡, Ved's arms ◑ Luna's arms?

_____

베드의 팔과 루나의 팔 중에서 어느 것이 더 길어?

창의 서술형

✏ 가상의 외계인 친구 두 명을 정한 후 둘을 비교하는 글을 완성하세요.

_____ and _____ are friends.

_____ is _____ than _____.

_____ hair is _____ than _____ hair.

Look!

Which are _____, _____ ears or _____ ears?

_____ ears are _____ than _____ ears.

2주에는 무엇을 공부할까? ❶

A

◉ 여러분이 만들고 싶은 음식을 생각해 보고, 필요한 재료를 말해 보세요.

I need a lot of ~ . 나는 많은 ~가 필요해.

bread

milk

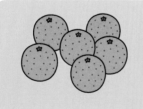

oranges

(YOU)

B

● 크리스마스에 친구들이 여러분에게 주는 것을 말해 보세요.

He/She gives ~ to me on Christmas.
크리스마스에 그/그녀는 나에게 ~을 줘.

goggles

sandals

a surfboard

(YOU)

명절 ①

Thanksgiving

🎁 **재미있는 이야기로 오늘 읽을 글의 내용을 생각해 보세요.**

New Words
오늘 배울 단어를 듣고 써 보세요.

celebrate 축하하다

Thanksgiving 추수 감사절

turkey 칠면조 고기

sauce 소스

ingredient 재료

November 11월

Thanksgiving

Q 그림 속 식탁에는 어떤 음식이 있을까요?

In America, we celebrate Thanksgiving Day.

It is the fourth Thursday of November.

For Thanksgiving dinner, we usually eat turkey with gravy.

Gravy is a sauce.

하루 구문

주어 + need a lot of + 명사. …는 많은 ~이 필요해.

a lot of는 사물의 많음을 나타내는 수량 형용사예요. a lot of 뒤에는 onions와 같이 셀 수 있는 명사의 복수형과 butter와 같이 셀 수 없는 명사가 모두 올 수 있어요.

> 셀 수 없는 명사로는 ice cream, juice, soda 등이 있어요.

My mom and I are shopping now.

We need a lot of ingredients for turkey and gravy.

We need a big turkey.

We need a lot of onions.

We need a lot of butter and flour.

정답 8쪽

Let's Check

문장을 읽고 글의 내용과 일치하면 T, 일치하지 않으면 F에 동그라미 하세요.

1. Thanksgiving Day is the first Thursday of November.　　T　　F

2. The boy and his mom go shopping together.　　T　　F

3. The boy and his mom need a lot of cucumbers.　　T　　F

Let's Practice 집중 연습

 그림에 알맞은 단어가 되도록 알파벳을 바르게 배열하여 쓰세요.

1.

t r u e y k

_____

2.

o N v m e b r e

_____

3.

e l e c r b a e t

_____

B 그림에 알맞은 단어를 보기 에서 골라 문장을 완성하세요.

보기   Thanksgiving   ingredient   sauce

1.

Gravy is a _____.

2.

In America, we celebrate _____ Day.

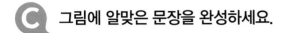 **C** 그림에 알맞은 문장을 완성하세요.

1.

We need ⬚ ⬚ ⬚ ⬚ .

우리는 많은 양파가 필요해.

2.

We need ⬚ ⬚ ⬚ .

우리는 많은 버터가 필요해.

 **D** 그림에 맞게 단어나 어구를 바르게 배열하여 문장을 쓰세요.

1.

(a lot of / needs / flour / She)

_____

그녀는 많은 밀가루가 필요해.

2.

(a lot of / for turkey / ingredients / need / We)

_____

우리는 칠면조 요리를 위해 많은 재료가 필요해.

명절 ② 핼러윈
Halloween

🎁 **재미있는 이야기로 오늘 읽을 글의 내용을 생각해 보세요.**

New Words 오늘 배울 단어나 어구를 듣고 써 보세요.

wig 가발

mask 가면

cape 망토

witch 마녀

ghost 유령

try on 입어 보다

똑똑한 하루

2일 Reading

Halloween

Q 그림 속 핼러윈 복장에는 어떤 것들이 있을까요?

Halloween is coming.

My friends and I are looking for special costumes.

Lucy wants to be a witch.

She chooses the wig and the hat.

She tries them on.

주어 + **try** + 대명사 목적어 + **on.**
…는 ~을 입어/써/신어 봐.

시험 삼아 옷, 모자, 신발 등을 착용해 보는 동작을 나타내는 표현이에요.
try on의 목적어가 대명사일 때는 목적어가 try와 on 사이에 와요.

> try on의 목적어가 명사일 때는 try와 on 사이에 올 수도 있고, try on 뒤에 올 수도 있어요.

Tom wants to be a ghost.

He picks the mask.

He tries it on.

How do we look?

I want to be Batman.

I like the cape.

I try it on.

Let's Check

정답 9쪽

글의 내용과 일치하도록 괄호 안에서 알맞은 것을 골라 동그라미 하세요.

1. The children are looking for special (food / costumes).

2. Lucy chooses the (wig / cape).

3. Tom tries on the (mask / hat).

Let's Practice 집중 연습

 A 그림에 알맞은 단어를 찾아 동그라미 한 후 빈칸에 쓰세요.

> p n m d w i g l u e r m a s k y i t b g h o s t r d

1.

2.

3.

B 그림에 알맞은 단어나 어구를 보기 에서 골라 문장을 완성하세요.

보기   cape   try on   witch

1.

I like the _____.

2.

Helen wants to be a _____.

C 그림에 알맞은 문장을 완성하세요.

1.

I like the cape. I ▢▢▢ .

나는 망토가 마음에 들어. 나는 그것을 입어 봐.

2.

Amy chooses the wig and the hat.

She ▢▢▢ .

에이미는 가발과 모자를 골라. 그녀는 그것들을 써 봐.

D 그림에 맞게 단어를 바르게 배열하여 문장을 쓰세요.

1.

Tony picks the mask. (on / tries / He / it)

_____

토니는 가면을 골라. 그는 그것을 써 봐.

2.

I choose the jacket and glasses. (them / I / try / on)

_____

나는 재킷과 안경을 골라. 나는 그것들을 써 봐.

New Year's Day

설날

명절 ③

재미있는 이야기로 오늘 읽을 글의 내용을 생각해 보세요.

New Words

오늘 배울 단어를 듣고 써 보세요.

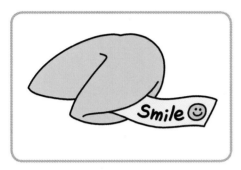

fortune cookie 포춘 쿠키

batter 반죽

message 메시지

shape 모양을 만들다

rich 부유한

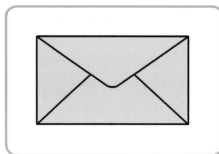

envelope 봉투

New Year's Day

Q 그림 속 가족은 무엇을 만들고 있을까요?

Today is Chinese New Year's Day.

All my family members get together.

We are very busy.

We make fortune cookies together.

My grandpa helps make the batter.

My mother helps bake the batter.

My sister helps write the messages.

I help shape the cookies.

하루 구문

주어 + **help** + 동사원형 **~.** ···는 ~하는 것을 도와.

주어가 어떤 행동을 도와주는 것을 말하는 표현이에요. 이때 help 뒤에는
동사원형을 써요.

중국에서는 설날에 어른들이
아이들에게 빨간 봉투에 돈을 넣어서 줘요.
그것은 축복과 행운을 의미해요.

My fortune cookie says, "You will be rich."

I get many red envelopes.

Now I am rich!

정답 10쪽

글의 내용과 일치하도록 빈칸에 알맞은 것을 고르세요.

1. The boy's family makes _____ together.
   ⓐ donuts　　　ⓑ fortune cookies　　ⓒ hot dogs

2. The boy's grandma helps make the _____.
   ⓐ sandwich　　　ⓑ salad　　　ⓒ batter

똑똑한 하루

3_일

Reading

Let's Practice 집중 연습

A 그림에 알맞은 단어가 되도록 알파벳을 바르게 배열하여 쓰세요.

1.

c r i h

2.

a p s e h

3.

e g s a m s e

B 그림에 알맞은 단어를 보기 에서 골라 문장을 완성하세요.

보기   batter   envelope   fortune cookie

1.

I get many red _____s.

2.

We make _____s together.

▶정답 10쪽

C 그림에 알맞은 문장을 완성하세요.

1.

I _____ _____ the cookies.

나는 쿠키 모양 만드는 것을 도와.

2.

My grandma _____ _____ the batter.

나의 할머니는 반죽 만드는 것을 도와주셔.

D 그림에 맞게 단어나 어구를 바르게 배열하여 문장을 쓰세요.

1.

(helps / the messages / write / Ben)

_____

벤은 메시지 쓰는 것을 도와.

2.

(bake / the batter / My brother / helps)

_____

나의 남동생은 반죽 굽는 것을 도와.

크리스마스

Christmas

명절 ④

🎁 **재미있는 이야기로 오늘 읽을 글의 내용을 생각해 보세요.**

New Words   오늘 배울 단어를 듣고 써 보세요.

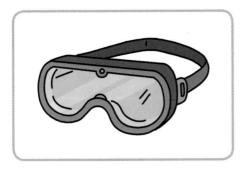

goggles 고글

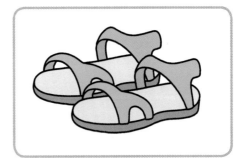

sandals 샌들

surfboard 서핑 보드

Popsicle 막대 아이스크림

Australia 호주

beach 해변

Christmas

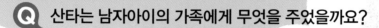

Q 산타는 남자아이의 가족에게 무엇을 주었을까요?

My name is Jake.

I live in Australia.

Today is Christmas.

In Australia, we

have Christmas

in summer.

하루 구문

주어 + **give** + 물건 + **to** + 사람. …는 ~에게 **을 줘.

주어가 누군가에게 어떤 물건을 준다는 의미예요. give 뒤에 물건을 쓰고
사람 앞에 to를 써서 나타내요.

to는 '~에게'라는 의미의 전치사로
뒤에 사람이 와요.

My family and I are on the beach and meet Santa.

He gives goggles to my dad.

He gives sandals to my mom.

He gives a surfboard to me.

And he gives Popsicles to all of us.

Merry summer Christmas!

정답 11쪽

Let's Check

글의 내용과 일치하도록 괄호 안에서 알맞은 것을 골라 동그라미 하세요.

1. In Australia, people have Christmas in (summer / winter).

2. Jake's family meets Santa on the (beach / mountain).

3. Santa gives (sandals / goggles) to Jake's dad.

Let's Practice 집중 연습

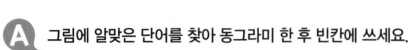

A 그림에 알맞은 단어를 찾아 동그라미 한 후 빈칸에 쓰세요.

1.

p o s a n d a l s k

2.

P o p s i c l e m o r

3.

e g o g g l e s f p

B 그림에 알맞은 단어를 보기 에서 골라 문장을 완성하세요.

보기   beach   Australia   surfboard

1.

I live in _____.

2.

We are on the _____ and meet Santa.

▶정답 11쪽

C 그림에 알맞은 문장을 완성하세요.

1.

James [ ] [ ] [ ] Nancy.

제임스는 낸시에게 고글을 줘.

2.

Lisa [ ] [ ] [ ] Paul.

리사는 폴에게 샌들을 줘.

D 그림에 맞게 단어나 어구를 바르게 배열하여 문장을 쓰세요.

1.

(gives / My grandpa / a surfboard / me / to)

_____

할아버지는 나에게 서핑 보드를 주셔.

2.

(Popsicles / to / Ann / all of us / gives)

_____

앤은 우리 모두에게 막대 아이스크림을 줘.

Level 4 A • **77**

부활절
Easter 1~4일 복습

🎁 **재미있는 이야기로 오늘 읽을 글의 내용을 생각해 보세요.**

New Words 오늘 배울 단어를 듣고 써 보세요.

Easter 부활절

prepare 준비하다

fancy 화려한

boil 끓다, 끓이다

decorate 장식하다

lovely 사랑스러운

Easter

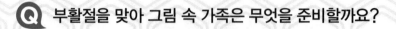

Q 부활절을 맞아 그림 속 가족은 무엇을 준비할까요?

My favorite holiday is Easter.

For Easter, we prepare Easter eggs and fancy hats.

Mom boils a lot of eggs.

My brother and I help paint them.

하루 구문 복습!

주어 + **need a lot of** + 명사.
···는 많은 ~이 필요해.

주어 + **try** + 대명사 목적어 + **on.**
···는 ~을 입어/써/신어 봐.

주어 + **help** + 동사원형 ~.
···는 ~하는 것을 도와.

주어 + **give** + 물건 + **to** + 사람.
···는 ~에게 **을 줘.

Dad makes hats.

My brother and I help decorate the hats.

We try them on.

My hat is too small for me.

I give my hat to my dog.

It is so lovely!

정답 12쪽

문장을 읽고 글의 내용과 일치하면 T, 일치하지 않으면 F에 동그라미 하세요.

1. The girl and her brother help paint the Easter eggs.   T   F

2. The girl's dad helps decorate the hats.   T   F

3. The girl's hat is too small for her.   T   F

Let's Practice 집중 연습

 A 그림에 알맞은 단어를 찾아 동그라미 한 후 빈칸에 쓰세요.

ou lovely wetm boilsui decoratelo

1.

2.

3.

B 그림에 알맞은 단어를 보기 에서 골라 문장을 완성하세요.

보기   prepare   Easter   fancy

1.

My favorite holiday is _____.

2.

We prepare Easter eggs and _____ hats.

C 그림에 알맞은 문장을 완성하세요.

1.

Mom boils 　　　　　　　.

엄마는 많은 달걀을 삶으셔.

2.

Dad makes hats. We 　　　　　　.

아빠는 모자를 만드셔. 우리는 그것들을 써 봐.

D 그림에 맞게 단어나 어구를 바르게 배열하여 문장을 쓰세요.

1.

(give / my dog / I / to / my hat)

_____

나는 내 모자를 나의 개에게 줘.

2.

(Fred / decorate / the hats / help / and I)

_____

프레드와 나는 모자를 장식하는 것을 도와드려.

1 단어에 알맞은 그림을 고르세요.

witch

① ②

③  ④

2 그림에 알맞은 단어를 고르세요.

① prepare
② decorate
③ celebrate
④ boil

3 우리말에 맞게 빈칸에 알맞은 것을 고르세요.

우리는 많은 양파가 필요해.
We need a lot of _____.

① onion
② sauce
③ onions
④ ingredient

4 그림을 보고, 알맞은 문장의 기호를 쓰세요.

ⓐ Julie picks the mask. She tries it on.
ⓑ I give my hat to my dog.
ⓒ Ann helps decorate the hats.

(1) 　　(2)

[5~6] 다음 글을 읽고, 물음에 답하세요.

Today is Chinese New Year's Day.
All my family members get together.
We are very busy.
We make fortune cookies together.

My grandpa helps make the batter.
엄마는 반죽 굽는 것을 도와주셔.
My sister helps write the messages.
I help shape the cookies.

5 윗글의 밑줄 친 우리말에 맞게 문장을 완성하세요.

My mother _____ _____ the batter.

6 윗글의 내용과 일치하지 <u>않는</u> 것을 고르세요.

① 오늘은 중국의 설날이다.
② 글쓴이의 식구들은 함께 포춘 쿠키를 만든다.
③ 글쓴이의 여동생은 반죽 만드는 것을 돕는다.
④ 글쓴이는 쿠키 모양 만드는 것을 돕는다.

[7~8] 다음 글을 읽고, 물음에 답하세요.

My name is Liam.
I live in Australia.
Today is Christmas.
In Australia, we have Christmas in summer.

My family and I are on the beach and meet Santa.
He gives goggles to my dad.
_____
He gives a surfboard to me.
And he gives Popsicles to all of us.

7 그림에 맞게 윗글의 빈칸에 알맞은 문장을 완성하세요.

He _____ _____ _____ my mom.

8 윗글의 내용과 일치하지 <u>않는</u> 것을 고르세요.

① 호주의 크리스마스는 여름이다.
② 크리스마스에 리암의 가족은 해변에 있다.
③ 산타는 리암의 아빠에게 고글을 주었다.
④ 리암의 가족은 산타에게 수영복을 주었다.

2주

2주 특강 Brain Game Zone

창의·융합·코딩 ❶

배운 내용을 떠올리며 말판 놀이를 해 보세요.

5. 그림과 단어가 일치하면 ○ 표, 일치하지 않으면 × 표 하세요.

cape

4. 단어를 읽고 알맞은 우리말 뜻과 연결하세요.

mask · · 가면
wig · · 가발

3. 그림을 보고 알파벳을 바르게 배열하여 단어를 쓰세요.

I love you!

aesmsge

→ _____

2. 그림에 알맞은 단어를 완성하세요.

11월

No[ ]emb[ ]r

1. 그림을 보고 알맞은 단어에 동그라미 하세요.

turkey   sauce

START

86 • 똑똑한 하루 Reading

6. 문장을 읽고 알맞은 그림에 동그라미 하세요.

> Julie chooses the wig.
> She tries it on.

7. 괄호 안에서 알맞은 것을 골라 동그라미 하세요.

> My dad and I help
> (decorating / decorate)
> the hats.

8. 그림과 문장이 일치하면 ○ 표, 일치하지 않으면 × 표 하세요.

> I give my hat
> to my dog. ☐

9. 우리말에 맞게 문장을 완성하세요.

> 엄마는 많은 달걀을 삶으셔.

> Mom boils _____ _____
> _____ _____.

10. 우리말에 맞게 단어나 어구를 바르게 배열하여 문장을 쓰세요.

> 산타는 우리 모두에게 막대 아이스크림을 주셔.

> (Popsicles / gives / all of us / to /
> Santa)
> → _____
> _____

Level 4 A • **87**

A 알리가 말하는 알파벳을 순서대로 빙고판에 표시하여 한 줄 빙고를 만든 후, 단어를 쓰세요.

w	h	f	a	s
r	i	m	z	v
k	e	t	q	x
y	b	j	c	o
g	d	l	n	h

h ⇨ a ⇨ t ⇨ i ⇨ m ⇨ c ⇨ k ⇨ w ⇨ h ⇨ g

단어: ☐ ☐ ☐ ☐ ☐

B 출발에서 도착까지 단어가 만들어지도록 칸을 이동한 후, 만든 단어로 문장을 완성하세요.

1.

출발 g	i
w h	v
도착 s	e

Sally _____ a Popsicle to Tom.

2.

e h	출발
l a	k
p 도착	m

I _____ make the batter.

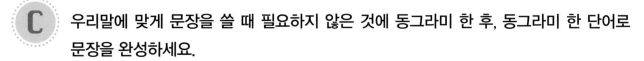

C 우리말에 맞게 문장을 쓸 때 필요하지 않은 것에 동그라미 한 후, 동그라미 한 단어로 문장을 완성하세요.

1.

우리는 많은 양파가 필요해.

a lot of
I
onions
We
need

2.

그는 그것을 써 봐.

try
it
tries
He
on

3.

제인은 메시지 쓰는 것을 도와.

write
helps
the messages
them
Jane

4.

그녀는 나의 엄마에게 샌들을 줘.

➡ _____

Brain Game Zone 창의·융합·코딩 ❸

Step A 그림 단서를 보고 보기에서 알맞은 단어를 골라 퍼즐을 완성하세요.

보기 boil Easter lovely fancy

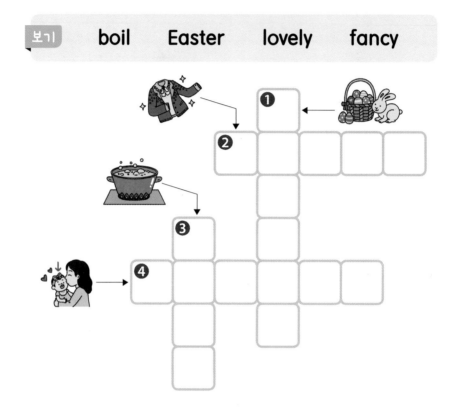

Step B Step A 의 단어를 사용하여 글을 완성하세요.

My favorite holiday is
_____.
For Easter, we prepare Easter
eggs and _____ hats.
Mom _____s a lot of eggs.
My brother and I help paint
them.

Dad makes hats.
My brother and I help decorate
the hats.
We try them on.
My hat is too small for me.
I give my hat to my dog.
It is so _____!

Step C

 를 보고 암호를 풀어 문장을 쓰세요.

    ※ = give   ★ = help   ◎ = to   ♣ = paint

1. I ※ my hat ◎ my dog.

_____

나는 내 모자를 나의 개에게 줘.

2. My brother and I ★ ♣ them.

_____

나의 남동생과 나는 그것들을 색칠하는 것을 도와.

창의 서술형

🖊 여러분이 가장 좋아하는 명절에 대한 글을 완성하세요.

My favorite holiday is

_____.

For _____, my family

and I prepare _____ and

decorate the _____.

_____ makes the _____.

I help _____ the _____.

_____ decorates the

_____.

My _____ helps decorate

the _____.

3주

3주에는 무엇을 공부할까? ❶

재미있는 이야기로 이번 주에 공부할 내용을 알아보세요.

Our Interesting World 우리의 흥미로운 세계

1일 What Is It?   **2**일 Travel to China   **3**일 Serengeti

4일 Birthdays in Mexico   **5**일 In Egypt

3주

A

◉ 여러분이 바라거나 희망하는 것을 말해 보세요.

I hope to ~. 나는 ~을 하고 싶어.

travel

celebrate
your birthday

go fishing

go camping

(YOU)

B

3
주

◉ 여러분이 무엇을 시작하고 있는지 말해 보세요.

I start ~. 나는 ~을 시작해.

walking the dog

drying the dog

setting the table

wrapping the present

(YOU)

저건 뭐야?

예술

What Is It?

🎁 재미있는 이야기로 오늘 읽을 글의 내용을 생각해 보세요.

New Words 오늘 배울 단어를 듣고 써 보세요.

curious 호기심이 많은

ask 묻다, 물어보다

question 질문

France 프랑스

tower 탑

novel 소설

What Is It?

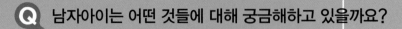

Q 남자아이는 어떤 것들에 대해 궁금해하고 있을까요?

Ryan is curious about many things.

He asks questions and AI answers.

What is it?

It is the Eiffel Tower. It is in France.

Who built the tower?

Alexandre Gustave Eiffel.

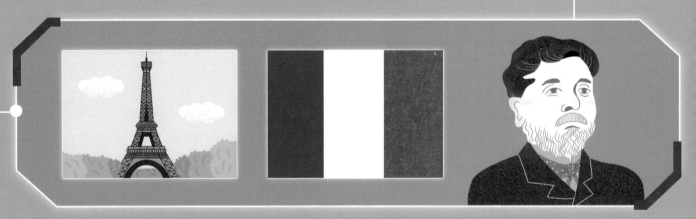

하루 구문

Who + 과거형 동사 ~? 누가 ~을 했어?

'누가 ~을 했어?'라고 할 때는 Who 뒤에 동사의 과거형을 써서 표현해요.

Who가 문장의 주어일 때는 다른 의문문과 다르게 do, does 등의 조동사가 필요없어요.

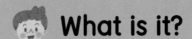

What is it?

It is the *Mona Lisa*.

Who painted the picture?

Leonardo da Vinci.

What is it?

It is *The Adventures of Tom Sawyer*.

Who wrote the novel?

Mark Twain.

3
주

정답 15쪽

문장을 읽고 글의 내용과 일치하면 T, 일치하지 않으면 F에 동그라미 하세요.

1. Alexandre Gustave Eiffel built the Eiffel Tower in America.

2. Leonardo da Vinci painted the *Mona Lisa*.

3. Mark Twain wrote *The Adventures of Tom Sawyer*.

Let's Practice 집중 연습

 A 그림에 알맞은 단어를 찾아 동그라미 한 후 빈칸에 쓰세요.

> h y p a w n o v e l p b a s k y r e n t o w e r i e w

1.

2.

3.

B 그림에 알맞은 단어를 보기 에서 골라 문장을 완성하세요.

보기　　France　　question　　curious

1.

The Eiffel Tower is in _____.

2.

Tom is _____ about many things.

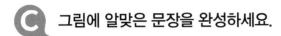

C 그림에 알맞은 문장을 완성하세요.

1.

[   ] [   ] the tower?

그 탑은 누가 지었어?

2.

[   ] [   ] the novel?

그 소설은 누가 썼어?

D 그림에 맞게 단어나 어구를 바르게 배열하여 문장을 쓰세요.

1.

(built / Who / the house)

_____

그 집은 누가 지었어?

2.

(the picture / Who / painted)

_____

그 그림은 누가 그렸어?

중국 여행

Travel to China

중국

🎁 **재미있는 이야기로 오늘 읽을 글의 내용을 생각해 보세요.**

New Words 오늘 배울 단어를 듣고 써 보세요.

vacation 방학

travel 여행하다, 여행

sunrise 일출

beautiful 아름다운

panda 판다

circus 서커스, 곡예

Travel to China

Q 여자아이의 중국 여행 계획은 무엇일까요?

Summer vacation is coming.

This year I will travel to China.

These are my travel plans.

Firstly, I will visit the Great Wall of China.

I hope to see a beautiful sunrise.

하루 구문

I hope to + 동사원형 ~. 나는 ~하면 좋겠어.

내가 바라거나 희망하는 것을 말하는 표현이에요. hope 뒤 「to+동사
원형」의 형태를 'to부정사'라고 하고 hope의 목적어로 쓰였어요.

> 순서를 나열할 때는 Firstly, Then,
> Lastly와 같이 말할 수 있어요.

Then, I will go to the Beijing Zoo.

I hope to feed the pandas.

Lastly, I will see a circus.

I hope to meet the performers.

정답 16쪽

글의 내용과 일치하도록 괄호 안에서 알맞은 것을 골라 동그라미 하세요.

1. The girl will travel to China on her (summer / winter) vacation.

2. The girl hopes to feed the (pandas / monkeys).

3. The girl will see a (parade / circus).

Let's Practice 집중 연습

 A 그림에 알맞은 단어가 되도록 알파벳을 바르게 배열하여 쓰세요.

1.

s e u s n i r

2.

a p n d a

3.

o i v a c n t a

B 그림에 알맞은 단어를 보기 에서 골라 문장을 완성하세요.

보기　　beautiful　　travel　　circus

1.

Lastly, I will see a _____.

2.

This year Ellen will _____ to China.

정답 16쪽

C 그림에 알맞은 문장을 완성하세요.

1.

I ____ ____ ____ the pandas.
나는 판다에게 먹이를 주면 좋겠어.

2.

I ____ ____ ____ the performers.
나는 공연하는 분들을 만나면 좋겠어.

D 그림에 맞게 단어나 어구를 바르게 배열하여 문장을 쓰세요.

1.

(hope / I / to see / sunrise / beautiful / a)

_____

나는 아름다운 일출을 보면 좋겠어.

2.

(to go / to / I / hope / the zoo)

_____

나는 동물원에 가면 좋겠어.

Level 4 A • **107**

세렝게티

탄자니아

Serengeti

🎁 **재미있는 이야기로 오늘 읽을 글의 내용을 생각해 보세요.**

New Words 오늘 배울 단어를 듣고 써 보세요.

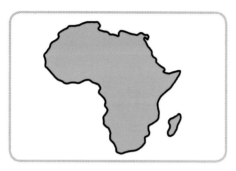

Africa 아프리카

national 국가의

endless 무한한, 끝없는

plain 평원

kind 종류

buffalo 버팔로, 물소

Serengeti

 남자아이는 세렝게티에서 무엇을 하고 싶어 할까요?

Are you interested in Africa?

Today I learned about the Serengeti National Park
in Tanzania.

Serengeti means "endless plains," and the park is huge.

It has many kinds of plants and animals.

I wish to + 동사원형 ~. 나는 ~하고 싶어.

내가 하고 싶은 것을 말하는 표현이에요. wish는 '~하고 싶다'라는 뜻으로
뒤에 동사가 올 때는 「to+동사원형」의 형태로 써야 해요.

세렝게티 국립 공원은 유네스코
세계 자연 유산으로 지정되어 있고,
수많은 종의 동식물이 살고 있어요.

Someday I wish to go there and do some
interesting things.

I wish to go on a safari tour.

I wish to take photos of buffaloes.

I wish to go camping in the wild.

Let's Check

정답 17쪽

글의 내용과 일치하도록 빈칸에 알맞은 것을 고르세요.

1. The boy wishes to do some interesting things in _____.

   ⓐ India   ⓑ the US   ⓒ Tanzania

2. The boy wishes to take photos of _____.

   ⓐ buffaloes   ⓑ lions   ⓒ plants

Let's Practice 집중 연습

 그림에 알맞은 단어를 찾아 동그라미 한 후 빈칸에 쓰세요.

k b e f p l a i n m o p w b u f f a l o c e y b A f r i c a u v

1.

2.

3.

B 그림에 알맞은 단어를 보기 에서 골라 문장을 완성하세요.

보기   kind   endless   national

1.

It has many _____s of plants.

2.

Serengeti means "_____ plains."

C 그림에 알맞은 문장을 완성하세요.

1.

I ▢▢▢ on a safari tour.

나는 사파리 투어를 가고 싶어.

2.

I ▢▢▢ photos of buffaloes.

나는 버팔로 사진을 찍고 싶어.

D 그림에 맞게 단어나 어구를 바르게 배열하여 문장을 쓰세요.

1.

(wish / camping / I / in the wild / to go)

_____

나는 야생에서 캠핑하고 싶어.

2.

(Someday / to Africa / wish / I / to go)

_____

언젠가 나는 아프리카에 가고 싶어.

멕시코에서의 생일
Birthdays in Mexico

멕시코

재미있는 이야기로 오늘 읽을 글의 내용을 생각해 보세요.

New Words 오늘 배울 단어를 듣고 써 보세요.

7

hang 걸리다, 매달려 있다

tradition 전통

child 아이, 어린이

hit 때리다, 치다

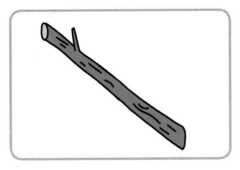

stick 막대기

grab 붙잡다

3
주

Birthdays in Mexico

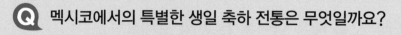

Q 멕시코에서의 특별한 생일 축하 전통은 무엇일까요?

There are various birthday traditions around the world.

In Mexico, people prepare a pinata and put many candies in it.

The birthday child hits the pinata with a stick and breaks it.

하루 구문

주어 + start + 동사원형ing ~. …는 ~하기 시작해.

주어가 어떤 행동을 시작한다고 말하는 표현이에요. start 뒤에 동사가 올 때는 동사원형에 ing를 붙인 형태로 써야 해요.

start 뒤에 쓰인 「동사원형ing」의 형태를 '동명사'라고 해요.

Today is Sofia's birthday.

A pinata is hanging from a tree branch.

Sofia starts hitting the pinata.

It starts breaking.

Her friends start running and grabbing the candies.

How sweet!

정답 18쪽

Let's Check

글의 내용과 일치하도록 괄호 안에서 알맞은 것을 골라 동그라미 하세요.

1. In Mexico, people put many (cookies / candies) in a pinata.

2. Sofia starts (hitting / shaking) the pinata.

3. Sofia's friends start running and (grabbing / putting) the candies.

Let's Practice 집중 연습

A 그림에 알맞은 단어를 찾아 동그라미 한 후 빈칸에 쓰세요.

1.

e g r a b u h p

[ ]

2.

o c h i l d w a

[ ]

3.

a s t i c k u t j

[ ]

B 그림에 알맞은 단어를 보기 에서 골라 문장을 완성하세요.

보기   hang   tradition   hit

1.

Amy _____s the pinata with a stick.

2.

A pinata is _____ing from a tree branch.

C 그림에 알맞은 문장을 완성하세요.

1.

The pinata _____ _____.

피냐타가 깨지기 시작해.

2.

Tom _____ _____ the pinata.

톰은 피냐타를 치기 시작해.

D 그림에 맞게 단어나 어구를 바르게 배열하여 문장을 쓰세요.

1.

(starts / The birthday child / singing)

_____

생일을 맞은 아이가 노래를 부르기 시작해.

2.

(start / My friends / running / the candies / and grabbing)

_____

내 친구들이 달려가서 사탕을 줍기 시작해.

In Egypt

이집트에서

5일 Reading 1~4일 복습

🎁 **재미있는 이야기로 오늘 읽을 글의 내용을 생각해 보세요.**

New Words

오늘 배울 단어나 어구를 듣고 써 보세요.

month 달, 월

Egypt 이집트

be famous for ~로 유명하다

pyramid 피라미드

photographer 사진작가

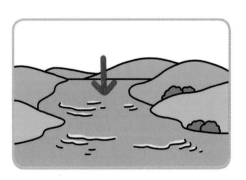

river 강

In Egypt

Q 여자아이는 이집트에 가서 무엇을 하고 싶을까요?

My grandma left on a world trip last month.

Now she is in Egypt.

Mia, look at this picture!

Egypt is famous for the pyramids.

It is one of them.

Wow, great! Who took that picture?

My friend James. He is an amazing photographer.

I think so.

I hope to travel to Egypt someday.

I wish to see the Nile River, too.

하루 구문 복습!

Who + 과거형 동사 ~?
누가 ~을 했어?

I wish to + 동사원형 ~.
나는 ~하고 싶어.

I hope to + 동사원형 ~.
나는 ~하면 좋겠어.

주어 + **start** + 동사원형**ing** ~.
…는 ~하기 시작해.

Let's Check ✓

문장을 읽고 글의 내용과 일치하면 T, 일치하지 않으면 F에 동그라미 하세요.

1. Egypt is famous for the beautiful beaches.　　T　F

2. James took the picture of the pyramid.　　T　F

3. Mia wishes to see the Nile River in Egypt.　　T　F

Let's Practice 집중 연습

 그림에 알맞은 단어가 되도록 알파벳을 바르게 배열하여 쓰세요.

1.

r v i r e

2.

g y t E p

3.

r y a p d i m

 그림에 알맞은 단어나 어구를 보기 에서 골라 문장을 완성하세요.

보기　　be famous for　　photographer　　month

1.

John is an amazing _____.

2.

Kate left on a world trip last _____.

C 그림에 알맞은 문장을 완성하세요.

1.

[____] [____] that picture?

저 사진은 누가 찍었어?

2.

I [____] [__] [____] to Egypt someday.

나는 언젠가 이집트로 여행을 가면 좋겠어.

D 그림에 맞게 단어나 어구를 바르게 배열하여 문장을 쓰세요.

1.

(wish / the Nile River / to see / I)

_____

나는 나일강을 보고 싶어.

2.

(taking photos of / starts / Ben / the pyramids)

_____

벤은 피라미드의 사진을 찍기 시작해.

1 단어에 알맞은 그림을 고르세요.

pyramid

① ②

③  ④

2 그림에 알맞은 단어를 고르세요.

① curious
② ask
③ beautiful
④ travel

3 우리말에 맞게 빈칸에 알맞은 것을 고르세요.

누가 그 탑을 지었어?
_____ the tower?

① Who painted
② What made
③ Who took
④ Who built

4 그림을 보고, 알맞은 문장의 기호를 쓰세요.

ⓐ I wish to see the Nile River.
ⓑ The pinata starts breaking.
ⓒ I hope to feed the pandas.

(1)    (2)

[5~6] 다음 글을 읽고, 물음에 답하세요.

Are you interested in Africa?

Today I learned about the Serengeti National Park in Tanzania.

Serengeti means "endless plains," and the park is huge.

It has many kinds of plants and animals.

Someday I wish to go there and do some interesting things.

I wish to go on a safari tour.

나는 버팔로 사진을 찍고 싶어.

I wish to go camping in the wild.

5 윗글의 밑줄 친 우리말에 맞게 문장을 완성하세요.

I _____ _____ _____
photos of buffaloes.

6 윗글의 내용과 일치하지 <u>않는</u> 것을 고르세요.

① 세렝게티는 '끝없는 평원'이라는 뜻이다.

② 세렝게티에는 많은 종류의 식물과 동물들이 있다.

③ 글쓴이는 동물원에 가고 싶어 한다.

④ 글쓴이는 야생에서 캠핑하고 싶어 한다.

[7~8] 다음 글을 읽고, 물음에 답하세요.

There are various birthday traditions around the world.

In Mexico, people prepare a pinata and put many candies in it.

The birthday child hits the pinata with a stick and breaks it.

Today is Linda's birthday.

A pinata is hanging from a tree branch.

_____

It starts breaking.

7 그림에 맞게 윗글의 빈칸에 알맞은 문장을 완성 하세요.

Linda starts _____ the pinata.

8 윗글의 내용과 일치하지 <u>않는</u> 것을 고르세요.

① 세계에는 다양한 생일 전통이 있다.

② 멕시코에서 생일을 맞은 아이가 손으로 피냐타를 쳐서 깨트린다.

③ 오늘은 린다의 생일이다.

④ 피냐타가 나뭇가지에 걸려 있다.

창의 · 융합 · 코딩 ❶

Brain Game Zone

🧩 배운 내용을 떠올리며 말판 놀이를 해 보세요.

START

1. 그림을 보고 알맞은 단어에 동그라미 하세요.

ask   novel

2. 그림에 알맞은 단어를 완성하세요.

F⬜anc⬜

3. 그림과 단어가 일치하면 〇 표, 일치하지 않으면 ✕ 표 하세요.

travel ⬜

4. 단어를 읽고 알맞은 우리말 뜻과 연결하세요.

vacation •   • 일출

sunrise •   • 방학

5. 그림을 보고 알파벳을 바르게 배열하여 단어를 쓰세요.

antiaonl

→ _____

8. 그림과 문장이 일치하면 ○ 표, 일치하지 않으면 × 표 하세요.

I hope to meet the performers.

7. 괄호 안에서 알맞은 것을 골라 동그라미 하세요.

My friends start (grab / grabbing) the candies.

6. 문장을 읽고 알맞은 그림에 동그라미 하세요.

I wish to go on a safari tour.

9. 우리말에 맞게 문장을 완성하세요.

언젠가 나는 그곳에 가서 재미있는 것들을 하고 싶어.

Someday I _____ _____ _____ there and do some interesting things.

10. 우리말에 맞게 단어를 바르게 배열하여 문장을 쓰세요.

저 사진은 누가 찍었어?

(picture / Who / that / took)

➜ _____

_____

A 끝말잇기로 모든 기차 칸의 단어를 완성한 후, 마지막 단어와 우리말 뜻을 쓰세요.

curious _unris_ _ndles_ _tic_ _ind

마지막 단어: _____

뜻: _____

B 다음 표에는 한글 자음이 숨겨져 있어요. 그림과 단어가 일치하는 칸에 색칠하여 숨겨진 한글 자음을 찾아 쓰세요.

national	circus	stick
month	river	child
sunrise	novel	photographer

한글 자음: _____

지훈이가 흩어진 카드에서 단어를 골라 문장을 써야 해요. 나은이의 힌트를 읽고 지훈이가
써야 할 문장을 알아내 빈칸에 쓰세요.

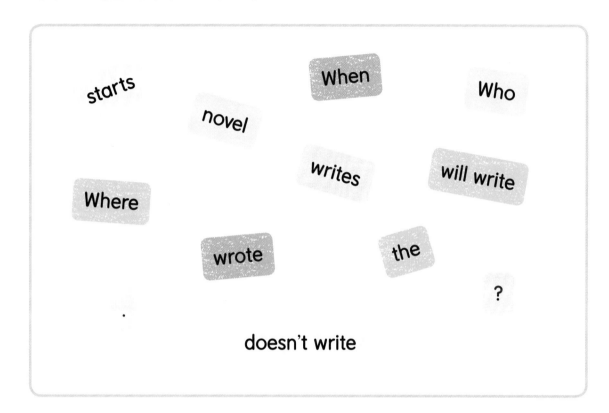

1. 목적어는 the novel이야.
2. 현재의 일을 나타내는 문장은 아니야.
3. 미래의 일을 나타내는 문장도 아니야.
4. 부정의 뜻을 나타내지 않아.
5. 사람에 관해 물어보는 문장이야.

 아하! 알겠다.

문장은 _____ 이야.

Step A 그림 단서를 보고 보기에서 알맞은 단어를 골라 퍼즐을 완성하세요.

보기   river   pyramid   month   Egypt

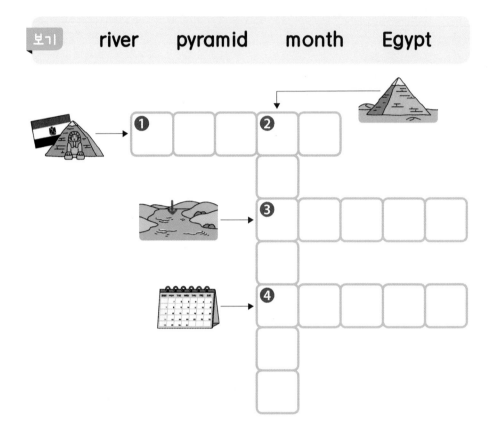

Step B Step A 의 단어를 사용하여 글을 완성하세요. (필요한 경우 첫 글자를 대문자로 쓰세요.)

My grandma left on a world

trip last _____.

Now she is in _____.

Mia, look at this picture!
Egypt is famous for the
_____s. It is one of
them.

Wow, great! Who took that

picture?

My friend James. He is an

amazing photographer.

I think so. I hope to travel to

Egypt someday. I wish to see

the Nile _____, too.

Step C

단서 를 보고 암호를 풀어 문장을 쓰세요.

단서 ※ = hope   ★ = to   ◎ = Who   ♥ = travel   ♧ = took

1. I ※ ★ ♥ to Egypt someday.

   _____

   나는 언젠가 이집트로 여행을 가면 좋겠어.

2. ◎ ♧ that picture?

   _____

   저 사진은 누가 찍었어?

창의 서술형

✎ 여러분이 가 보고 싶은 여행지에 대한 글을 완성하세요.

_____ is famous for _____

_____ .

I hope to _____

_____ there.

_____ is famous for _____

_____ too.

I hope to _____

_____ .

I wish to travel to _____

someday and _____

_____ .

4주에는 무엇을 공부할까? ❶

재미있는 이야기로 이번 주에 공부할 내용을 알아보세요.

The Environment 환경

1일 For the Earth 2일 Polar Bears in Danger 3일 The 3Rs

4일 Earth Hour 5일 Upcycling

4주차 공부할 내용

A

◉ 우리가 지구를 위해 해야 할 일을 말해 보세요.

We need to ~. 우리는 ~해야 해.

turn off
the water

switch off
the light

save energy

protect the
environment

(YOU)

B

◉ 여러분이 환경을 위해 제안하고 싶은 것을 말해 보세요.

How about ~? ～하는 게 어때?

reducing food waste

reusing the bottle

recycling paper

upcycling the old shoes

(YOU)

지구를 위해

물과 에너지 절약

For the Earth

📦 **재미있는 이야기로 오늘 읽을 글의 내용을 생각해 보세요.**

New Words 오늘 배울 단어나 어구를 듣고 써 보세요.

take care of ~을 돌보다

turn off 끄다

switch off 스위치를 끄다

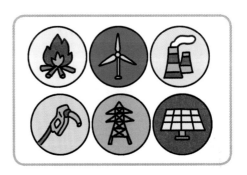

energy 에너지

run 흐르다

action 행동

For the Earth

Q 지구를 위해 우리는 무엇을 해야 할까요?

The earth is so sick.

We should take care of it.

What do we need to do for the earth?

We need to save water and energy.

하루 구문

We need to + 동사원형 **~.** 우리는 ~해야 해.

동사 need 뒤에 to부정사를 써서 우리가 어떤 일을 해야 한다는 것을 나타내는 표현이에요.

I need a car.와 같이 need 뒤에 명사가 올 수도 있어요. 이때 need는 '~가 필요하다'라는 뜻이에요.

The water is running. We need to turn off the water.

The light is on. We need to switch off the light.

With our small actions,
we can help the earth.

정답 22쪽

문장을 읽고 글의 내용과 일치하면 T, 일치하지 않으면 F에 동그라미 하세요.

1. The earth is very healthy now. T F

2. We need to save energy for the earth. T F

3. We need to turn off the water. T F

Let's Practice 집중 연습

A 그림에 알맞은 단어나 어구가 되도록 알파벳을 바르게 배열하여 쓰세요.

1.

g e y r n e

2.

i w t h c s   f o f

3.

u r n t   f f o

B 그림에 알맞은 단어나 어구를 보기 에서 골라 문장을 완성하세요.

보기   run   action   take care of

1.

The water is _____ning.

2.

We should _____ the earth.

▶정답 22쪽

 그림에 알맞은 문장을 완성하세요.

1.

We ___ ___ ___ water and energy.

우리는 물과 에너지를 절약해야 해.

2.

We ___ ___ ___ the water.

우리는 물을 잠가야 해.

 그림에 맞게 단어나 어구를 바르게 배열하여 문장을 쓰세요.

1.

(to switch off / need / the light / We)

_____

우리는 불을 꺼야 해.

2.

(need / for the earth / we / do / What / to do)

_____

지구를 위해 우리가 무엇을 해야 할까?

위험에 처한 북극곰

Polar Bears in Danger

🎁 **재미있는 이야기로 오늘 읽을 글의 내용을 생각해 보세요.**

New Words 오늘 배울 단어를 듣고 써 보세요.

polar bear 북극곰

danger 위험

ice 얼음

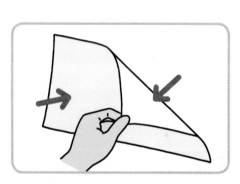

both 둘 다(의)

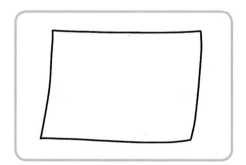

paper 종이

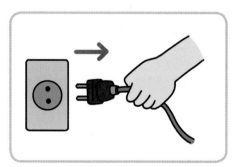

unplug 플러그를 뽑다

똑똑한 하루

2일 Reading

Polar Bears in Danger

 Q 북극곰은 어떤 위험에 처해 있을까요?

Look at the polar bears.

They are sitting on small blocks of ice.

They seem in great danger.

They are losing their homes.

하루 구문

Don't forget to + 동사원형 ~. ~하는 것을 잊지 마.

앞으로 해야 할 것을 잊지 말라고 말하는 표현이에요. 「Don't+동사원형」의 형태인 부정 명령문이에요.

> forget은 '잊다', '잊어버리다'라는 뜻의 동사로 뒤에 명사가 목적어로 올 수도 있어요. I forgot his name. (나는 그의 이름을 잊었어.)

How can you help them?

Don't forget to use your own cup.

Don't forget to use both sides of paper.

Don't forget to unplug the computer.

What else can you do? Any ideas?

Any
Ideas?

Let's Check

정답 23쪽

글의 내용과 일치하도록 빈칸에 알맞은 것을 고르세요.

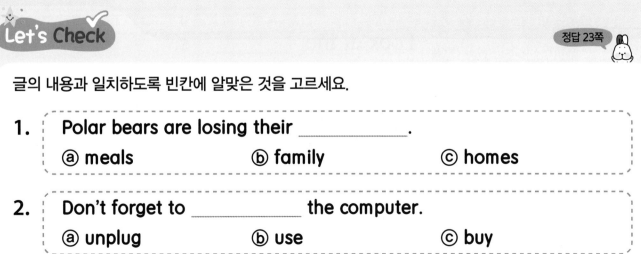

1. Polar bears are losing their _____.
   ⓐ meals   ⓑ family   ⓒ homes

2. Don't forget to _____ the computer.
   ⓐ unplug   ⓑ use   ⓒ buy

Let's Practice 집중 연습

A 그림에 알맞은 단어를 찾아 동그라미 한 후 빈칸에 쓰세요.

1.

i c e k o u r

2.

u n p l u g o e

3.

t p a p e r u l

B 그림에 알맞은 단어를 보기 에서 골라 문장을 완성하세요.

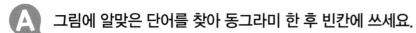

보기   polar bear   danger   both

1.

Look at the _____s.

2.

They seem in great _____.

▶정답 23쪽

C 그림에 알맞은 문장을 완성하세요.

1.
　　　　　　　　　　 your own cup.
개인 컵을 사용하는 것을 잊지 마.

2.
　　　　　　　　　　 the computer.
컴퓨터의 플러그를 뽑는 것을 잊지 마.

D 그림에 맞게 단어나 어구를 바르게 배열하여 문장을 쓰세요.

1.
(forget / Don't / water / to save)
_____
물을 절약하는 것을 잊지 마.

2.
(to use / Don't / of paper / both sides / forget)
_____
종이의 양면을 사용하는 것을 잊지 마.

3R

줄이기, 재사용, 재활용

The 3Rs

🎁 **재미있는 이야기로 오늘 읽을 글의 내용을 생각해 보세요.**

New Words　오늘 배울 단어나 어구를 듣고 써 보세요.

reduce 줄이다

_____
- - - - - - - - - - - - - - - - -
_____

reuse 재사용하다

_____
- - - - - - - - - - - - - - - - -
_____

recycle 재활용하다

_____
- - - - - - - - - - - - - - - - -
_____

leave 남기다

_____
- - - - - - - - - - - - - - - - -
_____

throw away 버리다

_____
- - - - - - - - - - - - - - - - -
_____

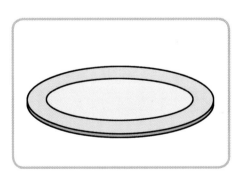

plate 접시

_____
- - - - - - - - - - - - - - - - -
_____

The 3Rs

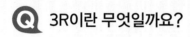

Q 3R이란 무엇일까요?

Do you know about the 3Rs?

They are Reduce, Reuse, and Recycle.

With the 3Rs, we can save the earth.

Reduce

Ann leaves food on
her plate.
How about reducing
food waste?

하루 구문

How about + 동사원형ing ~? ~하는 게 어때?

상대방에게 어떤 행동을 제안하는 표현이에요. How about 뒤에는 「동사
원형ing」 형태의 동명사가 와요.

reduce, reuse, recycle과
같이 -e로 끝나는 동사는
e를 없애고 ing를 붙여요.

Reuse

Sally buys a new vase.
How about reusing the
pitcher on the
shelf?

Recycle

Tom is throwing away
a can.
How about recycling
cans and bottles?

4
주

Let's Check

정답 24쪽

글의 내용과 일치하도록 괄호 안에서 알맞은 것을 골라 동그라미 하세요.

1. Ann needs to reduce (food waste / energy).

2. Sally can reuse the (pitcher / flower) on the shelf.

3. Tom can (buy / recycle) cans and bottles.

Let's Practice 집중 연습

A 그림에 알맞은 단어를 찾아 동그라미 한 후 빈칸에 쓰세요.

> a r b r e c y c l e o n p l a t e m c r e d u c e p i

1.

2.

3.

B 그림에 알맞은 단어나 어구를 보기 에서 골라 문장을 완성하세요.
(필요한 경우 단어의 형태를 바꿔 쓰세요.)

> 보기 leave   throw away   reuse

1.

   Paul _____s food on his plate.

2.

   How about _____ a pitcher?

▶정답 24쪽

C 그림에 알맞은 문장을 완성하세요.

1.

food waste?

음식 쓰레기를 줄이는 것이 어떨까?

2.

cans and bottles?

캔과 병을 재활용하는 것이 어떨까?

D 그림에 맞게 단어나 어구를 바르게 배열하여 문장을 쓰세요.

1.

(recycling / How about / paper)

_____

종이를 재활용하는 것이 어떨까?

2.

(reusing / on the shelf / the pitcher / How about)

_____

선반 위 물병을 재사용하는 것이 어떨까?

Level 4 A • **155**

어스 아워

지구촌 전등 끄기

Earth Hour

📦 **재미있는 이야기로 오늘 읽을 글의 내용을 생각해 보세요.**

New Words　오늘 배울 단어를 듣고 써 보세요.

animation 만화 영화

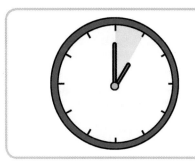

hour 시간

fish tank 어항

join 참여하다

event 행사

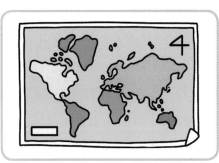

worldwide 전 세계적인

Earth Hour

Q 지구촌 전등 끄기 행사는 얼마 동안 진행되었을까요?

Lily, what did you do last night?

I watched an animation for two hours.

And I cleaned my fish tank for thirty minutes.

How about you, John?

하루 구문

for + 시간 명사 ~동안

어떤 행동이나 상태가 지속되거나 계속된 기간을 나타내는 표현이에요.
이때 for는 시간을 나타내는 전치사로 쓰였어요.

at, on, in도 시간을 나타내는 전치사이지만 뒤에 시각, 요일, 월 등 특정한 시점을 나타내는 말이 와요.

I joined the Earth Hour event.

It is a worldwide event for the earth.

People turn off the lights for an hour from 8:30 p.m.
to 9:30 p.m.

Great! I will join it next year.

EARTH HOUR

정답 25쪽

정답 25쪽

Let's Check

문장을 읽고 글의 내용과 일치하면 T, 일치하지 않으면 F에 동그라미 하세요.

1. Lily cleaned her fish tank for two hours. T F

2. Earth Hour is a worldwide event. T F

3. People turn off the lights for one hour. T F

Let's Practice 집중 연습

A 그림에 알맞은 단어가 되도록 알파벳을 바르게 배열하여 쓰세요.

1.

t i m a a n i o n

2.

i f s h   a n k t

3.

o u r h

B 그림에 알맞은 단어를 보기 에서 골라 문장을 완성하세요.

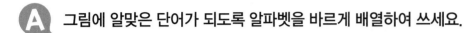

보기   event   worldwide   join

1.

I _____ed the Earth Hour event.

2.

It is a _____ event for the earth.

그림에 알맞은 문장을 완성하세요.

1.

I cleaned my fish tank ⬜ ⬜
⬜⬜⬜ .

나는 30분 동안 어항을 청소했어.

2.

I watched an animation ⬜ ⬜
⬜⬜⬜ .

나는 2시간 동안 만화 영화를 봤어.

 그림에 맞게 단어나 어구를 바르게 배열하여 문장을 쓰세요.

1.

(the bedroom / for / cleaned / I / thirty minutes)

_____

나는 30분 동안 침실을 청소했어.

2.

(turn off / an hour / for / the lights / People)

_____

사람들은 1시간 동안 불을 꺼.

업사이클링

Upcycling 1~4일 복습

📦 **재미있는 이야기로 오늘 읽을 글의 내용을 생각해 보세요.**

New Words　오늘 배울 단어를 듣고 써 보세요.

protect 보호하다

environment 환경

create 만들다

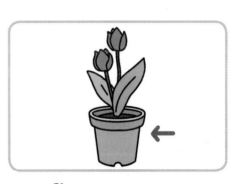

flowerpot 화분

jeans 청바지

unique 독특한

Upcycling

Q 업사이클링이란 무엇일까요?

We need to protect the environment.
But how?

Stop throwing away your old items.
You can create new things with them!
It is upcycling.

하루 구문 복습!

We need to + 동사원형 ~. 우리는 ~해야 해.	**Don't forget to + 동사원형 ~.** ~하는 것을 잊지 마.
How about + 동사원형ing ~? ~하는 게 어때?	**for + 시간 명사** ~ 동안

Sally made flowerpots with her old shoes.

Jason made a bag with his old jeans.

They worked on these cool items for three hours.

How about creating your own?

Don't forget to be unique.

Let's Check

정답 26쪽

글의 내용과 일치하도록 괄호 안에서 알맞은 것을 골라 동그라미 하세요.

1. Sally made flowerpots with her old (fish tank / shoes).

2. Jason made a bag with his old (jeans / shirt).

3. Sally and Jason worked on their items for (two / three) hours.

Let's Practice 집중 연습

 그림에 알맞은 단어를 찾아 동그라미 한 후 빈칸에 쓰세요.

> l y o e n v i r o n m e n t p a r j e a n s m o u n i q u e

1.

2.

3.

B 그림에 알맞은 단어를 보기 에서 골라 문장을 완성하세요.

> 보기   protect   flowerpot   create

1.

You can _____ new things with old items!

2.

Mary made _____s with her old shoes.

C 그림에 알맞은 문장을 완성하세요.

1.

[ ] [ ] [ ] [ ] unique.

독특해야 한다는 것을 잊지 마.

2.

We [ ] [ ] [ ] the environment.

우리는 환경을 보호해야 해.

D 그림에 맞게 단어나 어구를 바르게 배열하여 문장을 쓰세요.

1.

(creating / How about / your own)

_____

너희만의 것을 만들어 보면 어떨까?

2.

(three hours / for / these cool items / They / worked on)

_____

그들은 3시간 동안 이 멋진 물건들을 만들었어.

1 단어에 알맞은 그림을 고르세요.

flowerpot

①   ②

③  ④

2 그림에 알맞은 단어나 어구를 고르세요.

① unplug

② switch off

③ run

④ create

3 우리말에 맞게 빈칸에 알맞은 것을 고르세요.

개인 컵을 사용하는 것을 잊지 마.
Don't forget _____ your own cup.

① to using

② to used

③ to use

④ to uses

4 그림을 보고, 알맞은 문장의 기호를 쓰세요.

ⓐ How about reusing the bottle?
ⓑ We need to switch off the light.
ⓒ They worked on these cool items for three hours.

(1)  (2)

[5~6] 다음 글을 읽고, 물음에 답하세요.

Do you know about the 3Rs?

They are Reduce, Reuse, and Recycle.

With the 3Rs, we can save the earth.

Reduce

Ann leaves food on her plate.

How about reducing food waste?

Reuse

Sally buys a new vase.

How about reusing the pitcher on the shelf?

Recycle

Tom is throwing away a can.

캔과 병을 재활용하면 어떨까?

5 윗글의 밑줄 친 우리말에 맞게 문장을 완성하세요.

_____ _____ _____
cans and bottles?

6 윗글의 내용과 일치하지 <u>않는</u> 것을 고르세요.

① 3R은 줄이기, 재사용, 그리고 재활용을 뜻한다.

② 앤은 접시에 음식을 남긴다.

③ 물병을 꽃병으로 다시 쓸 수 있다.

④ 캔과 병은 재활용할 수 없다.

[7~8] 다음 글을 읽고, 물음에 답하세요.

A: Mina, what did you do last night?

B: _____

And I cleaned my fish tank for thirty minutes. How about you, Sean?

A: I joined the Earth Hour event.

It is a worldwide event for the earth. People turn off the lights for an hour from 8:30 p.m. to 9:30 p.m.

7 그림에 맞게 윗글의 빈칸에 알맞은 문장을 완성하세요.

I watched an animation _____ _____ _____.

8 윗글의 내용과 일치하지 <u>않는</u> 것을 고르세요.

① 미나는 어젯밤 30분 동안 어항을 청소했다.

② 션은 어젯밤 지구촌 전등 끄기 행사에 참여했다.

③ 지구촌 전등 끄기 행사는 미국에서만 열린다.

④ 지구촌 전등 끄기 행사에 참여하는 사람들은 1시간 동안 불을 끈다.

🧩 배운 내용을 떠올리며 말판 놀이를 해 보세요.

START

1. 그림을 보고 알맞은 단어에 동그라미 하세요.

energy   action

2. 그림에 알맞은 단어를 완성 하세요.

p □ o □ ect

4. 단어를 읽고 알맞은 우리말 뜻과 연결하세요.

paper ·   · 둘 다(의)

both ·   · 종이

3. 그림과 단어가 일치하면 O 표, 일치하지 않으면 × 표 하세요.

ice □

5. 그림을 보고 알파벳을 바르게 배열 하여 단어를 쓰세요.

celycre

→ _____

6. 문장을 읽고 알맞은 그림에 동그라미 하세요.

How about reducing food waste?

10. 우리말에 맞게 단어나 어구를 바르게 배열하여 문장을 쓰세요.

> 너희만의 것을 만들어 보면 어떨까?

(creating / How about / own / your)

→ _____

_____

9. 우리말에 맞게 문장을 완성하세요.

> 종이의 양면을 사용하는 것을 잊지 마.

_____ _____ _____
_____ both sides of paper.

8. 그림과 문장이 일치하면 ○ 표, 일치하지 않으면 × 표 하세요.

We need to turn off the water. ☐

7. 괄호 안에서 알맞은 것을 골라 동그라미 하세요.

People turn off the lights (for / to) an hour.

A 아이스크림 가게에서 여러 가지 맛의 아이스크림을 골랐어요. 보기 를 보고 고른 아이스크림의 알파벳으로 단어를 완성하고 우리말 뜻을 쓰세요.

보기   a   e   t   l

1. c ⬤ i o n
   단어: ___ c ___ i o n   뜻: _____

2. p 🧁 t 🧁
   단어: p ___ ___ t ___   뜻: _____

3. 🧁 🧁 🧁 v 🧁
   단어: ___ ___ ___ v ___   뜻: _____

B 버디가 설명하는 단어를 완성하고 우리말 뜻을 쓰세요.

> 두 번째, 일곱 번째, 열 번째 알파벳이 모두 n이야.
> e로 시작하고 t로 끝나.
> 세 번째 알파벳은 v야.
> i와 o 사이에는 r이 있어.
> 일곱 번째 알파벳과 e 사이에는 m이 있어.

단어: ☐ ☐ ☐ ☐ ☐ o ☐ m ☐ ☐ ☐

뜻: _____

C 암호표에 색깔을 나타내는 단어나 어구가 적혀 있어요. 암호표를 참고하여 찾은 단어나 어구를 빈칸에 차례로 넣어 문장을 완성하고 우리말 뜻을 쓰세요.

	reducing		forget		to turn off
	How about		need		Don't		to unplug

1. 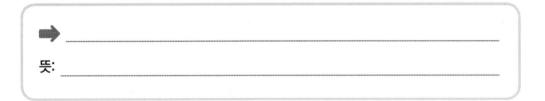 food waste?

➡ _____

뜻: _____

2. We 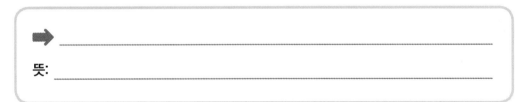 the water.

➡ _____

뜻: _____

3.  the computer.

➡ _____

뜻: _____

Brain Game Zone 창의·융합·코딩 ❸

Step A 그림 단서를 보고 보기에서 알맞은 단어를 골라 퍼즐을 완성하세요.

보기   unique   jeans   protect   create

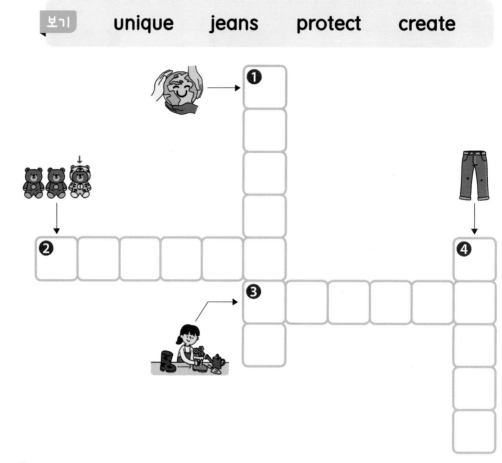

Step B Step A 의 단어를 사용하여 글을 완성하세요.

We need to _____ the environment. But how? Stop throwing away your old items. You can _____ new things with them! It is upcycling.

Sally made flowerpots with her old shoes. Jason made a bag with his old _____. They worked on these cool items for three hours. How about creating your own? Don't forget to be _____.

Step C 단서 를 보고 암호를 풀어 문장을 쓰세요.

> 단서
> ※ = need   ★ = protect   ◎ = Don't   ♥ = to
> ♡ = forget   ♣ = be

1. We ※ ♥ ★ the environment.

_____

우리는 환경을 보호해야 해.

2. ◎ ♡ ♥ ♣ unique.

_____

독특해야 한다는 것을 잊지 마.

창의 서술형

✎ 업사이클링으로 여러분과 여러분의 친구들이 만들 수 있는 것에 대한 글을 완성하세요.

We need to take care of the environment. But how? Stop throwing away your old items. You can create new things with them!

I can make _____ with my old _____.

_____ can make _____ with _____ old _____.

How about making your own?

1주 1일

- [ ] taller
  키가 더 큰
- [ ] shorter
  키가 더 작은
- [ ] faster
  더 빠른
- [ ] slower
  더 느린
- [ ] stronger
  더 힘센
- [ ] weaker
  더 약한

1주 2일

- [ ] hotter
  더 더운
- [ ] heavier
  더 무거운
- [ ] scarier
  더 무서운
- [ ] bigger
  더 큰
- [ ] fatter
  더 뚱뚱한
- [ ] funnier
  더 우스꽝스러운

1주 3일

- [ ] more interesting
  더 흥미로운
- [ ] more expensive
  더 비싼
- [ ] more delicious
  더 맛있는
- [ ] after school
  방과 후에
- [ ] navy
  남색
- [ ] fun
  재미있는

1주 4일

- [ ] lighter
  더 가벼운
- [ ] higher
  더 높은
- [ ] press
  누르다
- [ ] sloth
  나무늘보
- [ ] oil
  기름
- [ ] winner
  우승자

1주 5일

- [ ] thinner
  더 마른
- [ ] darker
  더 어두운
- [ ] smaller
  더 작은
- [ ] more popular
  더 인기 있는
- [ ] runway
  (패션쇼 등의) 런웨이
- [ ] stretch
  늘이다

2주 1일

☐ celebrate 축하하다	☐ Thanksgiving 추수 감사절
☐ turkey 칠면조 고기	☐ sauce 소스
☐ ingredient 재료	☐ November 11월

2주 2일

☐ wig 가발	☐ mask 가면
☐ cape 망토	☐ witch 마녀
☐ ghost 유령	☐ try on 입어 보다

2주 3일

☐ fortune cookie 포춘 쿠키	☐ batter 반죽
☐ message 메시지	☐ shape 모양을 만들다
☐ rich 부유한	☐ envelope 봉투

2주 4일

☐ goggles 고글	☐ sandals 샌들
☐ surfboard 서핑 보드	☐ Popsicle 막대 아이스크림
☐ Australia 호주	☐ beach 해변

2주 5일

☐ Easter 부활절	☐ prepare 준비하다
☐ fancy 화려한	☐ boil 끓다, 끓이다
☐ decorate 장식하다	☐ lovely 사랑스러운

3주 1일

- curious
  호기심이 많은
- ask
  묻다, 물어보다
- question
  질문
- France
  프랑스
- tower
  탑
- novel
  소설

3주 2일

- vacation
  방학
- travel
  여행하다, 여행
- sunrise
  일출
- beautiful
  아름다운
- panda
  판다
- circus
  서커스, 곡예

3주 3일

- Africa
  아프리카
- national
  국가의
- endless
  무한한, 끝없는
- plain
  평원
- kind
  종류
- buffalo
  버팔로, 물소

3주 4일

- hang
  걸리다, 매달려 있다
- tradition
  전통
- child
  아이, 어린이
- hit
  때리다, 치다
- stick
  막대기
- grab
  붙잡다

3주 5일

- month
  달, 월
- Egypt
  이집트
- be famous for
  ~로 유명하다
- pyramid
  피라미드
- photographer
  사진작가
- river
  강

4주 1일

- [ ] **take care of** ~을 돌보다
- [ ] **turn off** 끄다
- [ ] **switch off** 스위치를 끄다
- [ ] **energy** 에너지
- [ ] **run** 흐르다
- [ ] **action** 행동

4주 2일

- [ ] **polar bear** 북극곰
- [ ] **danger** 위험
- [ ] **ice** 얼음
- [ ] **both** 둘 다(의)
- [ ] **paper** 종이
- [ ] **unplug** 플러그를 뽑다

4주 3일

- [ ] **reduce** 줄이다
- [ ] **reuse** 재사용하다
- [ ] **recycle** 재활용하다
- [ ] **leave** 남기다
- [ ] **throw away** 버리다
- [ ] **plate** 접시

4주 4일

- [ ] **animation** 만화 영화
- [ ] **hour** 시간
- [ ] **fish tank** 어항
- [ ] **join** 참여하다
- [ ] **event** 행사
- [ ] **worldwide** 전 세계적인

4주 5일

- [ ] **protect** 보호하다
- [ ] **environment** 환경
- [ ] **create** 만들다
- [ ] **flowerpot** 화분
- [ ] **jeans** 청바지
- [ ] **unique** 독특한

memo

나는 그 누구보다도 실수를 많이 한다.
그리고 그 실수들 대부분에서
특허를 받아낸다.

I make more mistakes than anybody
and get a patent from those mistakes.

토마스 에디슨

실수는 '이제 난 안돼, 끝났어'라는 의미가 아니에요.
성공에 한 발자국 가까이 다가갔으니, 더 도전해보면 성공할 수 있다는
메시지랍니다. 그러니 실수를 두려워하지 마세요.

뭘 좋아할지 몰라 다 준비했어♥
전과목 교재

전과목 시리즈 교재

● **무등생 해법시리즈**

– 국어/수학	1~6학년, 학기용
– 사회/과학	3~6학년, 학기용
– 봄·여름/가을·겨울	1~2학년, 학기용
– SET(전과목/국수, 국사과)	1~6학년, 학기용

● **무등생 전과**

– 국어/수학/봄·여름(1학기)/가을·겨울(2학기)	1~2학년, 학기용
– 국어/수학/사회/과학	3~6학년, 학기용

● **똑똑한 하루 시리즈**

– 똑똑한 하루 독해	예비초~6학년, 총 14권
– 똑똑한 하루 글쓰기	예비초~6학년, 총 14권
– 똑똑한 하루 어휘	예비초~6학년, 총 14권
– 똑똑한 하루 수학	1~6학년, 학기용
– 똑똑한 하루 계산	1~6학년, 학기용
– 똑똑한 하루 사고력	1~6학년, 학기용
– 똑똑한 하루 도형	1~6단계, 총 6권
– 똑똑한 하루 사회/과학	3~6학년, 학기용
– 똑똑한 하루 Voca	3~6학년, 학기용
– 똑똑한 하루 Reading	초3~초6, 학기용
– 똑똑한 하루 Grammar	초3~초6, 학기용
– 똑똑한 하루 Phonics	예비초~초등, 총 8권

영어 교재

● **초등영어 교과서 시리즈**

파닉스(1~4단계)	3~6학년, 학년용
회화(입문1~2, 1~6단계)	3~6학년, 학기용
영단어(1~4단계)	3~6학년, 학년용

● 셀파 English(어휘/회화/문법)	3~6학년
● Reading Farm(Level 1~4)	3~6학년
● Grammar Town(Level 1~4)	3~6학년
● LOOK BOOK 영단어	3~6학년, 단행본
● 원서 읽는 LOOK BOOK 영단어	3~6학년, 단행본
● 멘토 Story Words	2~6학년, 총 6권

똑똑한

하루
Reading

매일매일
쌓이는
영어 기초력

천재교육

정답 ✦

6학년 영어
4A

천재교육

1주
1일
Reading

Sports Day 운동회

Q 아이들은 어떤 경기를 하고 있을까요?
달리기, 농구, 줄다리기

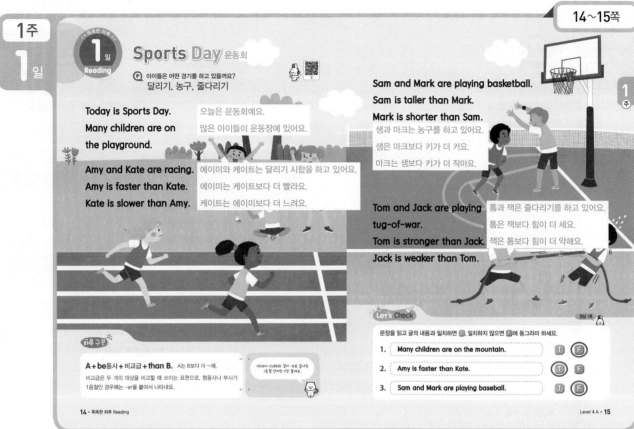

Today is Sports Day.
Many children are on the playground.

오늘은 운동회예요.
많은 아이들이 운동장에 있어요.

Amy and Kate are racing.
Amy is faster than Kate.
Kate is slower than Amy.

에이미와 케이트는 달리기 시합을 하고 있어요.
에이미는 케이트보다 더 빨라요.
케이트는 에이미보다 더 느려요.

Sam and Mark are playing basketball.
Sam is taller than Mark.
Mark is shorter than Sam.

샘과 마크는 농구를 하고 있어요.
샘은 마크보다 키가 더 커요.
마크는 샘보다 키가 더 작아요.

Tom and Jack are playing tug-of-war.
Tom is stronger than Jack.
Jack is weaker than Tom.

톰과 잭은 줄다리기를 하고 있어요.
톰은 잭보다 힘이 더 세요.
잭은 톰보다 힘이 더 약해요.

하루 구문

A + be동사 + 비교급 + than B. A는 B보다 더 ~해.
비교급은 두 개의 대상을 비교할 때 쓰이는 표현으로, 형용사나 부사가
1음절인 경우에는 -er을 붙여서 나타내요.

nice나 cute처럼 길이 -e로 끝나는
1음절 단어에는 r만 붙여요.

Let's Check

문장을 읽고 글의 내용과 일치하면 ⓣ, 일치하지 않으면 Ⓕ에 동그라미 하세요.

1. Many children are on the mountain. ⓣ Ⓕ
2. Amy is faster than Kate. Ⓣ Ⓕ
3. Sam and Mark are playing baseball. ⓣ Ⓕ

14 • 똑똑한 하루 Reading

Level 4 A • 15

1일
Reading

Let's Practice 집중 연습

A 그림에 알맞은 단어가 되도록 알파벳을 바르게 배열하여 쓰세요.

1. hsrtreo → **shorter**
2. kewrea → **weaker**
3. tfaesr → **faster**

B 그림에 알맞은 단어를 보기에서 골라 문장을 완성하세요.

보기 stronger   slower   taller

1. Jake is **taller** than Ben.
2. Emily is **slower** than Judy.

C 그림에 알맞은 문장을 완성하세요.

1. Julie is **shorter than** Ann.
   줄리는 앤보다 키가 더 작아.

2. Tom is **stronger than** David.
   톰은 데이비드보다 힘이 더 세.

D 그림에 맞게 단어를 바르게 배열하여 문장을 쓰세요.

1. (than / is / Paul / weaker / Tony)
   Paul is weaker than Tony.
   폴은 토니보다 힘이 더 약해.

2. (faster / Jina / Mindy / than / is)
   Jina is faster than Mindy.
   지나가 민디보다 더 빨라.

16 • 똑똑한 하루 Reading

Level 4 A • 17

I visit the animal park.
나는 동물 공원에 왔어.
Today is hotter than yesterday.
오늘은 어제보다 더 더워.

Look at the alligator.
악어를 봐.
It is heavier than the lion.
그것은 사자보다 더 무거워.
It looks scarier than the hippo.
그것은 하마보다 더 무서워 보여.

Look at the elephant.
코끼리를 봐.
It is bigger than the tiger.
그것은 호랑이보다 더 커.
It looks lazier than the monkey.
그것은 원숭이보다 더 게을러 보여.

Look at the chameleon.
카멜레온을 봐.
It is fatter than the snake.
그것은 뱀보다 더 뚱뚱해.
It looks funnier than the turtle.
그것은 거북이보다 더 우스꽝스러워 보여.

A + be동사 + 비교급 + than B. A는 B보다 더 ~해.
형용사나 부사가 hot처럼 「단모음+단자음」으로 끝나면 마지막 자음을 한 번 더 쓰고 er을 붙이지만, heavy처럼 2음절이면서 「자음+y」로 끝나면 y를 i로 고치고 er을 붙여요.

비교급 문장은 be동사 뿐만 아니라 look처럼 일반동사를 쓸 수도 있어요.

Let's Check

글의 내용과 일치하도록 괄호 안에서 알맞은 것을 골라 동그라미 하세요.

1. The boy visits the (cafeteria /(animal park)).
2. The alligator looks scarier than the ((hippo)/ penguin).
3. The elephant is bigger than the (bear /(tiger)).

Let's Practice 집중 연습

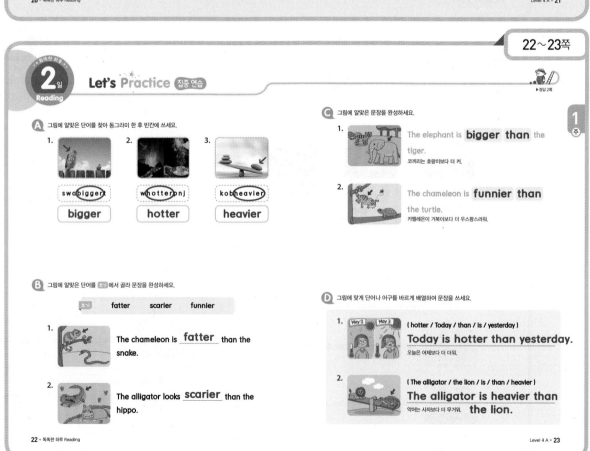

A 그림에 알맞은 단어를 찾아 동그라미 한 후 빈칸에 쓰세요.

1. swo**bigger**t → bigger
2. who**tter**pnj → hotter
3. kob**heavier** → heavier

B 그림에 알맞은 단어를 보기에서 골라 문장을 완성하세요.

보기: fatter   scarier   funnier

1. The chameleon is **fatter** than the snake.
2. The alligator looks **scarier** than the hippo.

C 그림에 알맞은 문장을 완성하세요.

1. The elephant is **bigger than** the tiger.
코끼리는 호랑이보다 더 커.
2. The chameleon is **funnier than** the turtle.
카멜레온이 거북이보다 더 우스꽝스러워.

D 그림에 맞게 단어나 어구를 바르게 배열하여 문장을 쓰세요.

1. (hotter / Today / than / is / yesterday)
Today is hotter than yesterday.
오늘은 어제보다 더 더워.
2. (The alligator / the lion / is / than / heavier)
The alligator is heavier than the lion.
악어는 사자보다 더 무거워.

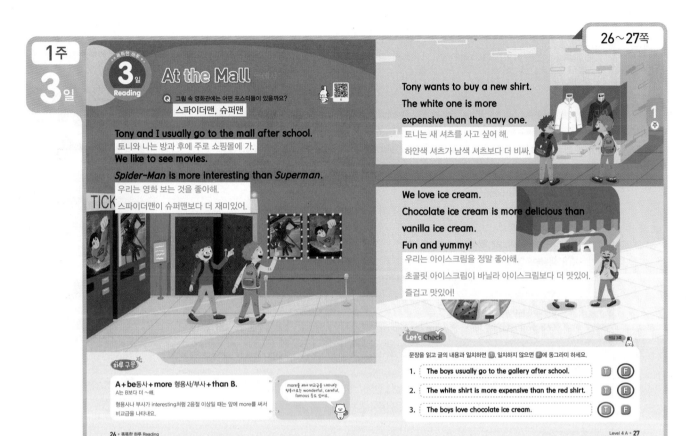

1주 3일 Reading

At the Mall

Q 그림 속 영화관에는 어떤 포스터들이 있을까요?

스파이더맨, 슈퍼맨

Tony and I usually go to the mall after school.
토니와 나는 방과 후에 주로 쇼핑몰에 가.
We like to see movies.
Spider-Man is more interesting than Superman.
우리는 영화 보는 것을 좋아해.
스파이더맨이 슈퍼맨보다 더 재미있어.

Tony wants to buy a new shirt.
The white one is more
expensive than the navy one.
토니는 새 셔츠를 사고 싶어 해.
하얀색 셔츠가 남색 셔츠보다 더 비싸.

We love ice cream.
Chocolate ice cream is more delicious than
vanilla ice cream.
Fun and yummy!
우리는 아이스크림을 정말 좋아해.
초콜릿 아이스크림이 바닐라 아이스크림보다 더 맛있어.
즐겁고 맛있어!

하루 구문

A + be동사 + more 형용사/부사 + than B.
A는 B보다 더 ~해.
형용사나 부사가 interesting처럼 2음절 이상일 때는 앞에 more를 써서 비교급을 나타내요.

more를 써서 비교급을 나타내는 형용사로는 wonderful, careful, famous 등도 있어요.

Let's Check

문장을 읽고 글의 내용과 일치하면 T, 일치하지 않으면 F에 동그라미 하세요.

1. The boys usually go to the gallery after school. T **F**
2. The white shirt is more expensive than the red shirt. T **F**
3. The boys love chocolate ice cream. **T** F

26 · 똑똑한 하루 Reading / Level 4 A · 27

1주 3일 Reading

Let's Practice 집중 연습

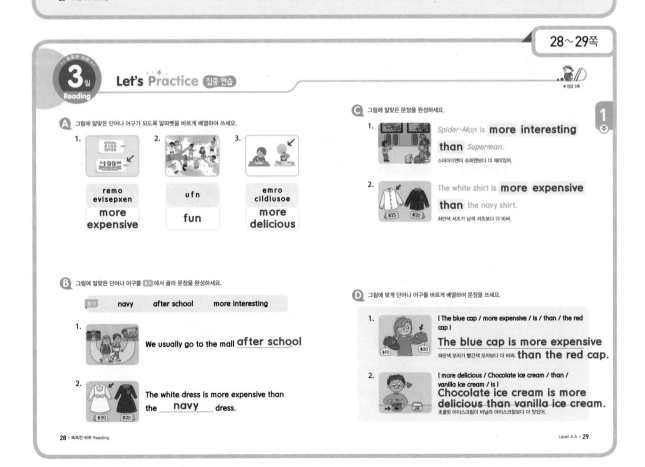

A 그림에 알맞은 단어나 어구가 되도록 알파벳을 바르게 배열하여 쓰세요.

1. SPECIAL $159 OFFER / $199⁹⁸
   remo evisepxen
   more expensive

2. ufn
   fun

3. emro cildiusoe
   more delicious

B 그림에 알맞은 단어나 어구를 보기에서 골라 문장을 완성하세요.

보기 navy   after school   more interesting

1. We usually go to the mall **after school**

2. The white dress is more expensive than the **navy** dress. ($30 / $20)

C 그림에 알맞은 문장을 완성하세요.

1. Spider-Man is **more interesting than** Superman.
   스파이더맨이 슈퍼맨보다 더 재미있어.

2. The white shirt is **more expensive than** the navy shirt. ($25 / $20)
   하얀색 셔츠가 남색 셔츠보다 더 비싸.

D 그림에 맞게 단어나 어구를 바르게 배열하여 문장을 쓰세요.

1. (The blue cap / more expensive / is / than / the red cap) ($10 / $20)
   The blue cap is more expensive than the red cap.
   파란색 모자가 빨간색 모자보다 더 비싸.

2. (more delicious / Chocolate ice cream / than / vanilla ice cream / is)
   Chocolate ice cream is more delicious than vanilla ice cream.
   초콜릿 아이스크림이 바닐라 아이스크림보다 더 맛있어.

28 · 똑똑한 하루 Reading / Level 4 A · 29

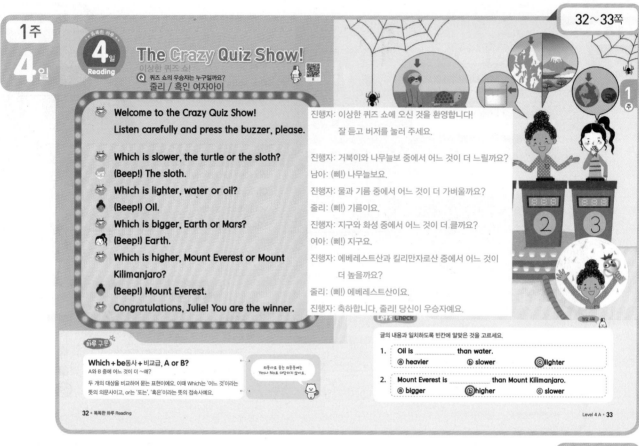

1주
4일 Reading

The Crazy Quiz Show!
이상한 퀴즈 쇼!
Q 퀴즈 쇼의 우승자는 누구일까요?
줄리 / 흑인 여자아이

🕷 Welcome to the Crazy Quiz Show!
Listen carefully and press the buzzer, please.

🕷 Which is slower, the turtle or the sloth?

(Beep!) The sloth.

🕷 Which is lighter, water or oil?

(Beep!) Oil.

🕷 Which is bigger, Earth or Mars?

(Beep!) Earth.

🕷 Which is higher, Mount Everest or Mount Kilimanjaro?

(Beep!) Mount Everest.

🕷 Congratulations, Julie! You are the winner.

진행자: 이상한 퀴즈 쇼에 오신 것을 환영합니다!
잘 듣고 버저를 눌러 주세요.

진행자: 거북이와 나무늘보 중에서 어느 것이 더 느릴까요?
남아: (삐!) 나무늘보요.

진행자: 물과 기름 중에서 어느 것이 더 가벼울까요?
줄리: (삐!) 기름이요.

진행자: 지구와 화성 중에서 어느 것이 더 클까요?
여아: (삐!) 지구요.

진행자: 에베레스트산과 킬리만자로산 중에서 어느 것이 더 높을까요?
줄리: (삐!) 에베레스트산이요.

진행자: 축하합니다, 줄리! 당신이 우승자예요.

하루 구문
Which + be동사 + 비교급, A or B?
A와 B 중에 어느 것이 더 ~해?
두 개의 대상을 비교하여 묻는 표현이에요. 이때 Which는 '어느 것'이라는 뜻의 의문사이고, or는 '또는', '혹은'이라는 뜻의 접속사예요.

> 하루쏙쏙 묻는 하루문에는 Yes나 No로 대답하지 않아요.

Let's Check
글의 내용과 일치하도록 빈칸에 알맞은 것을 고르세요.

1. Oil is _____ than water.
   ⓐ heavier   ⓑ slower   ⓒ lighter

2. Mount Everest is _____ than Mount Kilimanjaro.
   ⓐ bigger   ⓑ higher   ⓒ slower

4일 Reading
Let's Practice 집중 연습
▶정답 4쪽

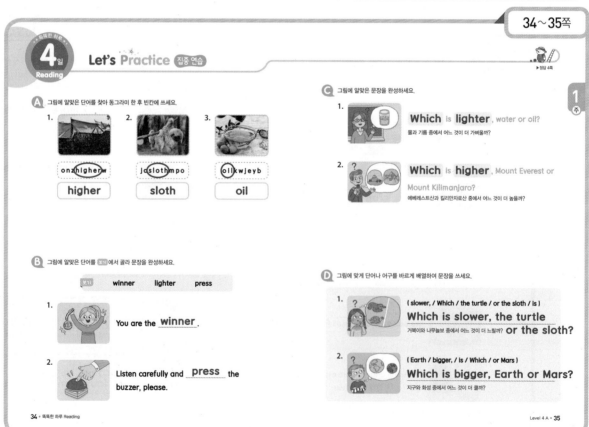

A 그림에 알맞은 단어를 찾아 동그라미 한 후 빈칸에 쓰세요.

1. onz**higher**w → **higher**
2. ja**sloth**mpo → **sloth**
3. **oil**kwjeyb → **oil**

B 그림에 알맞은 단어를 보기에서 골라 문장을 완성하세요.

보기: winner   lighter   press

1. You are the **winner**.

2. Listen carefully and **press** the buzzer, please.

C 그림에 알맞은 문장을 완성하세요.

1. **Which** is **lighter**, water or oil?
물과 기름 중에서 어느 것이 더 가벼울까?

2. **Which** is **higher**, Mount Everest or Mount Kilimanjaro?
에베레스트산과 킬리만자로산 중에서 어느 것이 더 높을까?

D 그림에 맞게 단어나 어구를 바르게 배열하여 문장을 쓰세요.

1. (slower, / Which / the turtle / or the sloth / is)
Which is slower, the turtle or the sloth?
거북이와 나무늘보 중에서 어느 것이 더 느릴까?

2. (Earth / bigger, / is / Which / or Mars)
Which is bigger, Earth or Mars?
지구와 화성 중에서 어느 것이 더 클까?

38~39쪽

1주

5일 Reading

On the Runway 런웨이에서

Q 베드와 루나 중에 누구의 팔이 더 길까요?
루나의 팔

Ved and Luna take part in a fashion show.
They are walking on the runway.

Ved is thinner than Luna.
Luna's hair is darker than Ved's hair.

Ved's ears are smaller than Luna's ears.
Luna is more popular than Ved.

베드와 루나는 패션쇼에 참가해요.
그들은 런웨이를 걷고 있어요.

베드는 루나보다 더 말랐어요.
루나의 머리카락은 베드의 머리카락보다 색깔이 더 진해요.

베드의 귀는 루나의 귀보다 더 작아요.
루나는 베드보다 더 인기가 많아요.

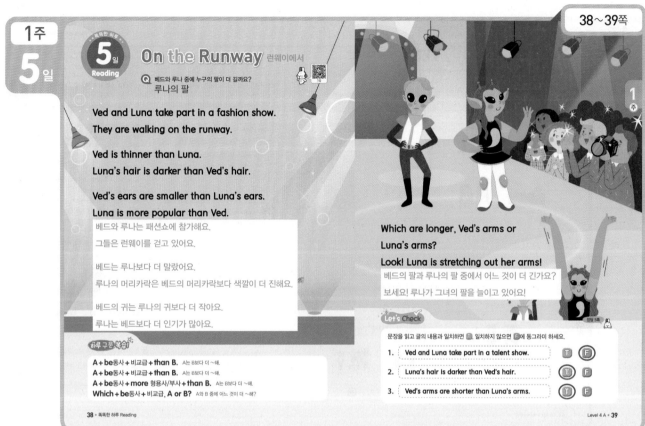

Which are longer, Ved's arms or
Luna's arms?
Look! Luna is stretching out her arms!
베드의 팔과 루나의 팔 중에서 어느 것이 더 긴가요?
보세요! 루나가 그녀의 팔을 늘이고 있어요!

하루 구문 복습!

A + be동사 + 비교급 + than B. A는 B보다 더 ~해.
A + be동사 + 비교급 + than B. A는 B보다 더 ~해.
A + be동사 + more 형용사/부사 + than B. A는 B보다 더 ~해.
Which + be동사 + 비교급, A or B? A와 B 중에 어느 것이 더 ~해?

Let's Check 정답 5쪽

문장을 읽고 글의 내용과 일치하면 ⓣ, 일치하지 않으면 ⓕ에 동그라미 하세요.

1. Ved and Luna take part in a talent show.   ⓣ Ⓕ
2. Luna's hair is darker than Ved's hair.   Ⓣ ⓕ
3. Ved's arms are shorter than Luna's arms.   Ⓣ ⓕ

40~41쪽

5일 Reading

Let's Practice 집중 연습

▶정답 5쪽

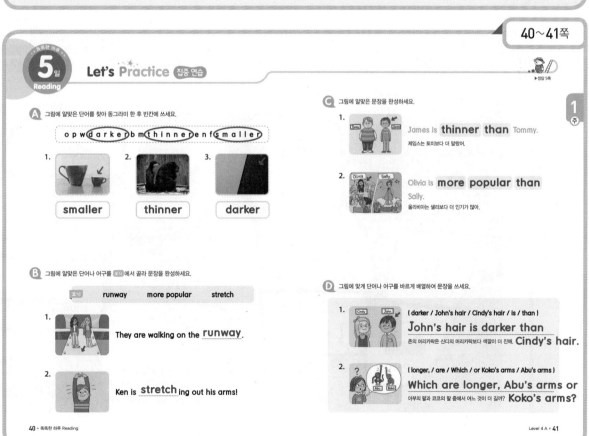

Ⓐ 그림에 알맞은 단어를 찾아 동그라미 한 후 빈칸에 쓰세요.

o p w (d a r k e r) b m (t h i n n e r) e n f (s m a l l e r)

1. smaller
2. thinner
3. darker

Ⓑ 그림에 알맞은 단어나 어구를 보기 에서 골라 문장을 완성하세요.

보기   runway   more popular   stretch

1. They are walking on the **runway**.
2. Ken is **stretch**ing out his arms!

Ⓒ 그림에 알맞은 문장을 완성하세요.

1. James is **thinner than** Tommy.
   제임스는 토미보다 더 말랐어.
2. Olivia is **more popular than** Sally.
   올리비아는 셀리보다 더 인기가 많아.

Ⓓ 그림에 맞게 단어나 어구를 바르게 배열하여 문장을 쓰세요.

1. (darker / John's hair / Cindy's hair / is / than)
   John's hair is darker than **Cindy's hair.**
   존의 머리카락은 신디의 머리카락보다 색깔이 더 진해.
2. (longer, / are / Which / or Koko's arms / Abu's arms)
   Which are longer, Abu's arms or **Koko's arms?**
   아부의 팔과 코코의 팔 중에서 어느 것이 더 길까?

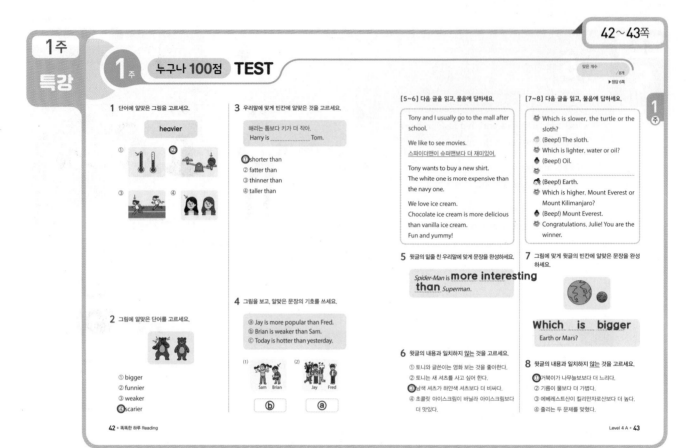

1주 특강

1주 누구나 100점 TEST

맞은 개수 /8개
▶ 정답 6쪽

1 단어에 알맞은 그림을 고르세요.

heavier

① ② ③ ④

2 그림에 알맞은 단어를 고르세요.

① bigger
② funnier
③ weaker
④ scarier

3 우리말에 맞게 빈칸에 알맞은 것을 고르세요.

해리는 톰보다 키가 더 작아.
Harry is _____ Tom.

① shorter than
② fatter than
③ thinner than
④ taller than

4 그림을 보고, 알맞은 문장의 기호를 쓰세요.

ⓐ Jay is more popular than Fred.
ⓑ Brian is weaker than Sam.
ⓒ Today is hotter than yesterday.

(1) Sam Brian ⓑ
(2) Jay Fred ⓐ

[5~6] 다음 글을 읽고, 물음에 답하세요.

Tony and I usually go to the mall after school.

We like to see movies.
스파이더맨이 슈퍼맨보다 더 재미있어.

Tony wants to buy a new shirt.
The white one is more expensive than the navy one.

We love ice cream.
Chocolate ice cream is more delicious than vanilla ice cream.
Fun and yummy!

5 윗글의 밑줄 친 우리말에 맞게 문장을 완성하세요.

Spider-Man is **more interesting than** Superman.

6 윗글의 내용과 일치하지 않는 것을 고르세요.

① 토니와 글쓴이는 영화 보는 것을 좋아한다.
② 토니는 새 셔츠를 사고 싶어 한다.
③ 남색 셔츠가 하얀색 셔츠보다 더 비싸다.
④ 초콜릿 아이스크림이 바닐라 아이스크림보다 더 맛있다.

[7~8] 다음 글을 읽고, 물음에 답하세요.

Which is slower, the turtle or the sloth?
(Beep!) The sloth.
Which is lighter, water or oil?
(Beep!) Oil.
_____
(Beep!) Earth.
Which is higher, Mount Everest or Mount Kilimanjaro?
(Beep!) Mount Everest.
Congratulations, Julie! You are the winner.

7 그림에 맞게 윗글의 빈칸에 알맞은 문장을 완성하세요.

Which is bigger
Earth or Mars?

8 윗글의 내용과 일치하지 않는 것을 고르세요.

① 거북이가 나무늘보보다 더 느리다.
② 기름이 물보다 더 가볍다.
③ 에베레스트산이 킬리만자로산보다 더 높다.
④ 줄리는 두 문제를 맞혔다.

42 • 똑똑한 하루 Reading

Level 4 A • 43

1주 특강 Brain Game Zone 창의 · 융합 · 코딩 ❶

정답 6쪽

배운 내용을 떠올리며 말판 놀이를 해 보세요.

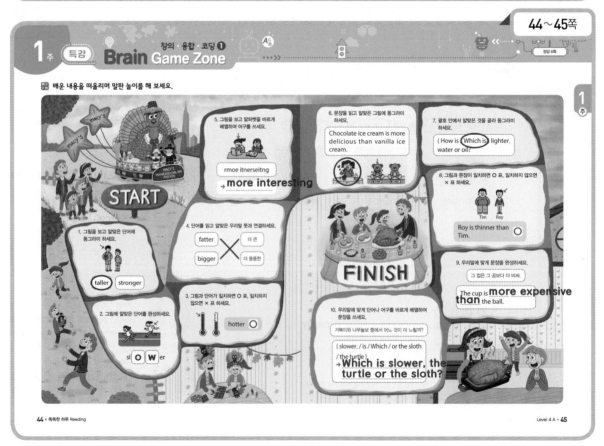

44 • 똑똑한 하루 Reading

Level 4 A • 45

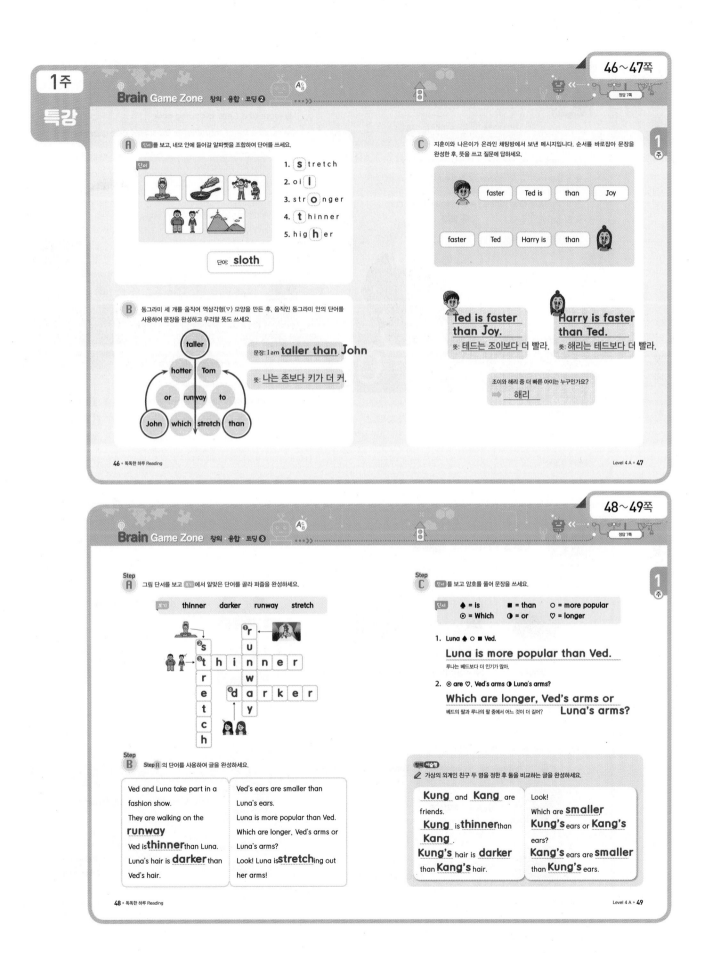

1주

특강

Brain Game Zone 창의 · 융합 · 코딩 ❷

정답 7쪽

A 단서를 보고, 네모 안에 들어갈 알파벳을 조합하여 단어를 쓰세요.

단서

1. **s** tretch
2. oi **l**
3. str **o** nger
4. **t** hinner
5. hig **h** er

단어: **sloth**

B 동그라미 세 개를 움직여 역삼각형(▽) 모양을 만든 후, 움직인 동그라미 안의 단어를 사용하여 문장을 완성하고 우리말 뜻을 쓰세요.

taller

hotter Tom

or runway to

John which stretch than

문장: I am **taller than** John

뜻: 나는 존보다 키가 더 커.

C 지훈이와 나은이가 온라인 채팅방에서 보낸 메시지입니다. 순서를 바로잡아 문장을 완성한 후, 뜻을 쓰고 질문에 답하세요.

faster | Ted is | than | Joy

faster | Ted | Harry is | than

Ted is faster than Joy.
뜻: 테드는 조이보다 더 빨라.

Harry is faster than Ted.
뜻: 해리는 테드보다 더 빨라.

조이와 해리 중 더 빠른 아이는 누구인가요?
➡ 해리

46 · 똑똑한 하루 Reading

Level 4 A · 47

1주

Brain Game Zone 창의 · 융합 · 코딩 ❸

정답 7쪽

Step A 그림 단서를 보고 보기에서 알맞은 단어를 골라 퍼즐을 완성하세요.

보기 thinner darker runway stretch

①r
u
②s
③t h i n n e r
r w
e ④d a r k e r
t y
c
h

Step B Step A 의 단어를 사용하여 글을 완성하세요.

Ved and Luna take part in a fashion show.
They are walking on the **runway**
Ved is **thinner** than Luna.
Luna's hair is **darker** than Ved's hair.

Ved's ears are smaller than Luna's ears.
Luna is more popular than Ved.
Which are longer, Ved's arms or Luna's arms?
Look! Luna is **stretch** ing out her arms!

Step C 단서를 보고 암호를 풀어 문장을 쓰세요.

단서 ♠ = is ■ = than ○ = more popular
⊙ = Which ◑ = or ♡ = longer

1. Luna ♠ ○ ■ Ved.

Luna is more popular than Ved.
루나는 베드보다 더 인기가 많아.

2. ⊙ are ♡, Ved's arms ◑ Luna's arms?

Which are longer, Ved's arms or Luna's arms?
베드의 팔과 루나의 팔 중에서 어느 것이 더 길어?

창의 서술형
✎ 가상의 외계인 친구 두 명을 정한 후 둘을 비교하는 글을 완성하세요.

Kung and **Kang** are
friends.
Kung is **thinner** than
Kang .
Kung's hair is **darker**
than **Kang's** hair.

Look!
Which are **smaller**
Kung's ears or Kang's
ears?
Kang's ears are **smaller**
than Kung's ears.

48 · 똑똑한 하루 Reading

Level 4 A · 49

정답 · **7**

2주 1일

1일 Reading
Thanksgiving 추수 감사절

Q 그림 속 식탁에는 어떤 음식이 있을까요?
칠면조, 메시드 포테이토,
그린빈, 빵

In America, we celebrate Thanksgiving Day.
It is the fourth Thursday of November.

For Thanksgiving dinner, we usually eat turkey
with gravy.
Gravy is a sauce.

미국에서는 추수 감사절을 축하해.
그것은 11월 네 번째 목요일이야.

추수 감사절 저녁 식사로 우리는 주로
그레이비와 함께 칠면조 고기를 먹어.
그레이비는 소스야.

My mom and I are shopping now.
We need a lot of ingredients for turkey and gravy.
We need a big turkey.
We need a lot of onions.
We need a lot of butter and flour.

엄마와 나는 지금 쇼핑을 하고 있어.
우리는 칠면조 요리와 그레이비를 위해 많은 재료가 필요해.
우리는 커다란 칠면조가 필요해.
우리는 많은 양파가 필요해.
우리는 많은 버터와 밀가루가 필요해.

하루 구문

주어 + need a lot of + 명사. …는 많은 ~이 필요해.
a lot of는 사물의 많음을 나타내는 수량 형용사예요. a lot of 뒤에는
onions와 같이 셀 수 있는 명사의 복수형과 butter와 같이 셀 수 없는
명사가 모두 올 수 있어요.

셀 수 없는 명사로는 ice cream,
juice, soda 등이 있어요.

Let's Check

문장을 읽고 글의 내용과 일치하면 T, 일치하지 않으면 F에 동그라미 하세요.

1. Thanksgiving Day is the first Thursday of November. T **F**
2. The boy and his mom go shopping together. **T** F
3. The boy and his mom need a lot of cucumbers. T **F**

56 • 똑똑한 하루 Reading

Level 4 A • 57

1일 Reading
Let's Practice 집중 연습

▶ 정답 8쪽

A 그림에 알맞은 단어가 되도록 알파벳을 바르게 배열하여 쓰세요.

1. trueyk → **turkey**
2. oNvmebre → **November**
3. elecrbaet → **celebrate**

B 그림에 알맞은 단어를 보기에서 골라 문장을 완성하세요.

보기 Thanksgiving ingredient sauce

1. Gravy is a **sauce**.
2. In America, we celebrate _____ Day. **Thanksgiving**

C 그림에 알맞은 문장을 완성하세요.

1. We need **a lot of onions**.
우리는 많은 양파가 필요해.

2. We need **a lot of butter**.
우리는 많은 버터가 필요해.

D 그림에 맞게 단어나 어구를 바르게 배열하여 문장을 쓰세요.

1. (a lot of / needs / flour / She)
She needs a lot of flour.
그녀는 많은 밀가루가 필요해.

2. (a lot of / for turkey / ingredients / need / We)
We need a lot of ingredients for turkey.
우리는 칠면조 요리를 위해 많은 재료가 필요해.

58 • 똑똑한 하루 Reading

Level 4 A • 59

---

8 • 정답

2주

2일

2일 Reading

Halloween 핼러윈

Q 그림 속 핼러윈 복장에는 어떤 것들이 있을까요?
가발, 가면, 망토

Halloween is coming.
My friends and I are looking for special costumes.
핼러윈이 다가오고 있어.
내 친구들과 나는 특별한 복장을 찾고 있어.

Lucy wants to be a witch.
She chooses the wig and the hat.
She tries them on.

루시는 마녀가 되고 싶어 해.
그녀는 가발과 모자를 골라.
그녀는 그것들을 써 봐.

톰은 유령이 되고 싶어 해.
그는 가면을 골라.
그는 그것을 써 봐.

Tom wants to be a ghost.
He picks the mask.
He tries it on.

How do we look?
우리 어때 보여?

나는 배트맨이 되고 싶어.
나는 망토가 마음에 들어.
나는 그것을 입어 봐.

I want to be Batman.
I like the cape.
I try it on.

하루 구문

주어 + try + 대명사 목적어 + on.
…는 ~을 입어/써/신어 봐.

시험 삼아 옷, 모자, 신발 등을 착용해 보는 동작을 나타내는 표현이에요.
try on의 목적어가 대명사일 때는 목적어가 try와 on 사이에 와요.

try on의 목적어가 명사일 때는
try와 on 사이에 올 수도 있고,
try on 뒤에 올 수도 있어요.

Let's Check

글의 내용과 일치하도록 괄호 안에서 알맞은 것을 골라 동그라미 하세요.

1. The children are looking for special (food / (costumes)).
2. Lucy chooses the ((wig) / cape).
3. Tom tries on the ((mask) / hat).

62 • 똑똑한 하루 Reading

Level 4 A • 63

2일 Reading

Let's Practice 집중 연습

▶정답 9쪽

A 그림에 알맞은 단어를 찾아 동그라미 한 후 빈칸에 쓰세요.

p n m d (w i g) l u e r (m a s k) y l t b (g h o s t) r d

1. wig
2. ghost
3. mask

B 그림에 알맞은 단어나 어구를 보기 에서 골라 문장을 완성하세요.

보기 cape   try on   witch

1. I like the **cape** .
2. Helen wants to be a **witch** .

C 그림에 알맞은 문장을 완성하세요.

1. I like the cape. I **try it on** .
나는 망토가 마음에 들어, 나는 그것을 입어 봐.

2. Amy chooses the wig and the hat.
She **tries them on** .
에이미는 가발과 모자를 골라, 그녀는 그것들을 써 봐.

D 그림에 맞게 단어를 바르게 배열하여 문장을 쓰세요.

1. Tony picks the mask. (on / tries / He / it)
He tries it on.
토니는 가면을 골라, 그는 그것을 써 봐.

2. I choose the jacket and glasses. (them / I / try / on)
I try them on.
나는 재킷과 안경을 골라, 나는 그것들을 써 봐.

64 • 똑똑한 하루 Reading

Level 4 A • 65

2주
3일

3일 Reading New Year's Day 설날

Q 그림 속 가족은 무엇을 만들고 있을까요?
포춘 쿠키

Today is Chinese New Year's Day.
All my family members get together.
We are very busy.
We make fortune cookies together.

오늘은 중국의 설날이야.
우리 식구들은 모두 모였어.
우리는 정말 바빠.
우리는 함께 포춘 쿠키를 만들어.

My grandpa helps make the batter.
My mother helps bake the batter.
My sister helps write the messages.
I help shape the cookies.

할아버지는 반죽 만드는 것을 도와주셔.
엄마는 반죽 굽는 것을 도와주셔.
여동생은 메시지 쓰는 것을 도와.
나는 쿠키 모양 만드는 것을 도와.

My fortune cookie says, "You will be rich."
I get many red envelopes.
Now I am rich!

내 포춘 쿠키에 "너는 부자가 될 것이다."라고 쓰여 있어.
나는 빨간 봉투를 많이 받아.
나는 이제 부자야!

하루 구문

주어 + **help** + 동사원형 ~. …는 ~하는 것을 도와.
주어가 어떤 행동을 도와주는 것을 말하는 표현이에요. 이때 help 뒤에는 동사원형을 써요.

중국에서는 설날에 어른들이 아이들에게 빨간 봉투에 돈을 넣어서 줘요. 그것은 축복의 의미래요.

Let's Check
정답 10쪽

글의 내용과 일치하도록 빈칸에 알맞은 것을 고르세요.

1. The boy's family makes _____ together.
   ⓐ donuts ⓑ fortune cookies ⓒ hot dogs

2. The boy's grandma helps make the _____.
   ⓐ sandwich ⓑ salad ⓒ batter

3일 Reading Let's Practice 집중 연습
▶정답 10쪽

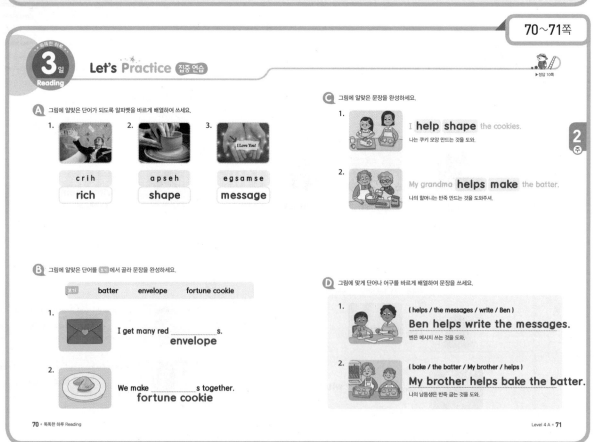

Ⓐ 그림에 알맞은 단어가 되도록 알파벳을 바르게 배열하여 쓰세요.

1. c r i h → **rich**
2. a p s e h → **shape**
3. e g s a m s e → **message**

Ⓑ 그림에 알맞은 단어를 보기에서 골라 문장을 완성하세요.

보기 batter envelope fortune cookie

1. I get many red _____s.
   envelope

2. We make _____s together.
   fortune cookie

Ⓒ 그림에 알맞은 문장을 완성하세요.

1. I **help shape** the cookies.
   나는 쿠키 모양 만드는 것을 도와.

2. My grandma **helps make** the batter.
   나의 할머니는 반죽 만드는 것을 도와주셔.

Ⓓ 그림에 맞게 단어나 어구를 바르게 배열하여 문장을 쓰세요.

1. (helps / the messages / write / Ben)
   Ben helps write the messages.
   벤은 메시지 쓰는 것을 도와.

2. (bake / the batter / My brother / helps)
   My brother helps bake the batter.
   나의 남동생은 반죽 굽는 것을 도와.

2주

4일
Reading

Christmas 크리스마스

Q 산타는 남자아이의 가족에게 무엇을 주었을까요?
고글, 샌들, 서핑 보드, 막대 아이스크림

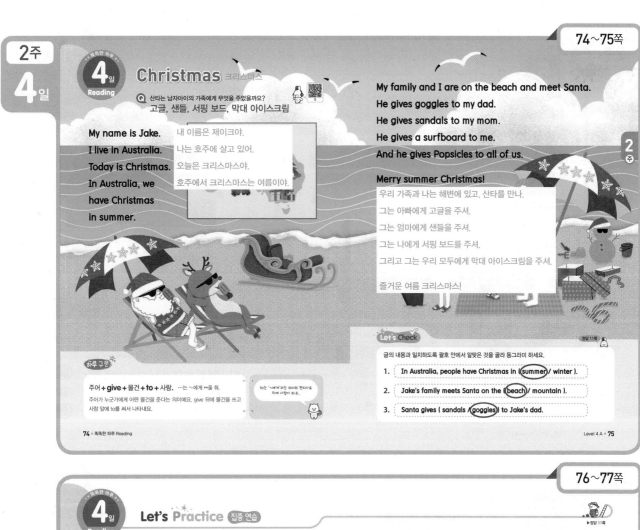

My name is Jake.
I live in Australia.
Today is Christmas.
In Australia, we
have Christmas
in summer.

내 이름은 제이크야.
나는 호주에 살고 있어.
오늘은 크리스마스야.
호주에서 크리스마스는 여름이야.

My family and I are on the beach and meet Santa.
He gives goggles to my dad.
He gives sandals to my mom.
He gives a surfboard to me.
And he gives Popsicles to all of us.

Merry summer Christmas!

우리 가족과 나는 해변에 있고, 산타를 만나.
그는 아빠에게 고글을 주셔.
그는 엄마에게 샌들을 주셔.
그는 나에게 서핑 보드를 주셔.
그리고 그는 우리 모두에게 막대 아이스크림을 주셔.

즐거운 여름 크리스마스!

하루 구문

주어 + **give** + 물건 + **to** + 사람. …는 ~에게 **을 줘.
주어가 누군가에게 어떤 물건을 준다는 의미예요. give 뒤에 물건을 쓰고
사람 앞에 to를 써서 나타내요.

to는 '~에게'라는 의미의 전치사로
뒤에 사람이 와요.

Let's Check
정답 11쪽

글의 내용과 일치하도록 괄호 안에서 알맞은 것을 골라 동그라미 하세요.

1. In Australia, people have Christmas in ((summer) / winter).

2. Jake's family meets Santa on the ((beach) / mountain).

3. Santa gives (sandals / (goggles)) to Jake's dad.

74 • 똑똑한 하루 Reading

Level 4 A • 75

4일
Reading

Let's Practice 집중 연습

▶정답 11쪽

A 그림에 알맞은 단어를 찾아 동그라미 한 후 빈칸에 쓰세요.

1. po**sandals**k → **sandals**

2. **Popsicle**mor → **Popsicle**

3. e**goggles**fp → **goggles**

B 그림에 알맞은 단어를 보기에서 골라 문장을 완성하세요.

보기 beach   Australia   surfboard

1. I live in **Australia**

2. We are on the **beach** and meet Santa.

C 그림에 알맞은 문장을 완성하세요.

1. James **gives goggles to** Nancy.
제임스는 낸시에게 고글을 줘.

2. Lisa **gives sandals to** Paul.
리사는 폴에게 샌들을 줘.

D 그림에 맞게 단어나 어구를 바르게 배열하여 문장을 쓰세요.

1. (gives / My grandpa / a surfboard / me / to)
My grandpa gives a surfboard to me.
할아버지는 나에게 서핑 보드를 주셔.

2. (Popsicles / to / Ann / all of us / gives)
Ann gives Popsicles to all of us.
앤은 우리 모두에게 막대 아이스크림을 줘.

76 • 똑똑한 하루 Reading

Level 4 A • 77

정답 • **11**

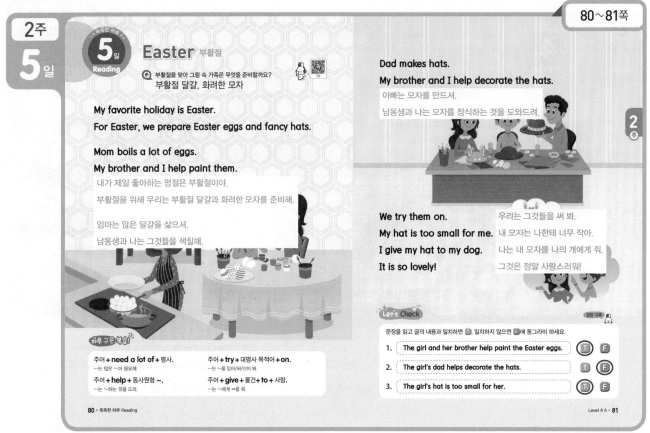

2주

5일
Reading

Easter 부활절

Q 부활절을 맞아 그림 속 가족은 무엇을 준비할까요?
부활절 달걀, 화려한 모자

My favorite holiday is Easter.
For Easter, we prepare Easter eggs and fancy hats.

Mom boils a lot of eggs.
My brother and I help paint them.

내가 제일 좋아하는 명절은 부활절이야.
부활절을 위해 우리는 부활절 달걀과 화려한 모자를 준비해.

엄마는 많은 달걀을 삶으셔.
남동생과 나는 그것들을 색칠해.

Dad makes hats.
My brother and I help decorate the hats.

아빠는 모자를 만드셔.
남동생과 나는 모자를 장식하는 것을 도와드려.

We try them on.
My hat is too small for me.
I give my hat to my dog.
It is so lovely!

우리는 그것들을 써 봐.
내 모자는 나한테 너무 작아.
나는 내 모자를 나의 개에게 줘.
그것은 정말 사랑스러워!

하루 구문 복습

주어 + need a lot of + 명사.
…는 많은 ~이 필요해요.

주어 + help + 동사원형 ~.
…는 ~하는 것을 도와.

주어 + try + 대명사 목적어 + on.
…는 ~을 입어/써/신어 봐.

주어 + give + 물건 + to + 사람.
…는 ~에게 ~을 줘.

Let's Check

문장을 읽고 글의 내용과 일치하면 ⓣ, 일치하지 않으면 ⓕ에 동그라미 하세요.

1. The girl and her brother help paint the Easter eggs. (T) (F)
2. The girl's dad helps decorate the hats. (T) (F)
3. The girl's hat is too small for her. (T) (F)

80 · 똑똑한 하루 Reading

Level 4 A · 81

5일
Reading

Let's Practice 집중 연습

▶ 정답 12쪽

A 그림에 알맞은 단어를 찾아 동그라미 한 후 빈칸에 쓰세요.

o u l o v e l y w e t m b o i l s u i d e c o r a t e l o

1. decorate
2. boil
3. lovely

B 그림에 알맞은 단어를 보기 에서 골라 문장을 완성하세요.

보기   prepare   Easter   fancy

1. My favorite holiday is Easter .
2. We prepare Easter eggs and fancy hats.

C 그림에 알맞은 문장을 완성하세요.

1. Mom boils a lot of eggs .
엄마는 많은 달걀을 삶으셔.

2. Dad makes hats. We try them on .
아빠는 모자를 만드셔, 우리는 그것들을 써 봐.

D 그림에 맞게 단어나 어구를 바르게 배열하여 문장을 쓰세요.

1. (give / my dog / I / to / my hat)
I give my hat to my dog.
나는 내 모자를 나의 개에게 줘.

2. (Fred / decorate / the hats / help / and I)
Fred and I help decorate the hats.
프레드와 나는 모자를 장식하는 것을 도와드려.

82 · 똑똑한 하루 Reading

Level 4 A · 83

정답

2주 특강

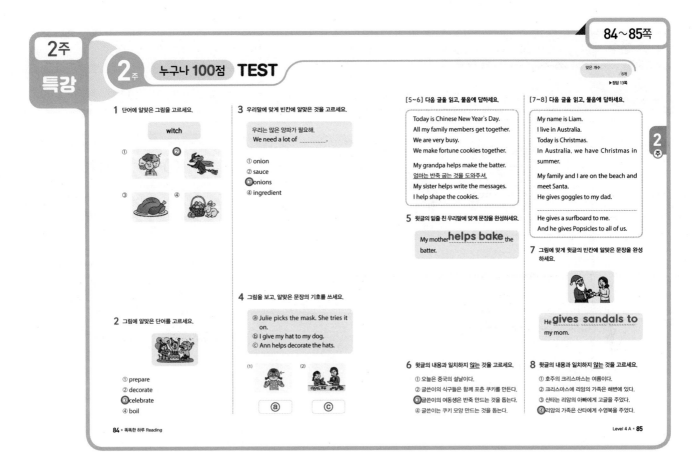

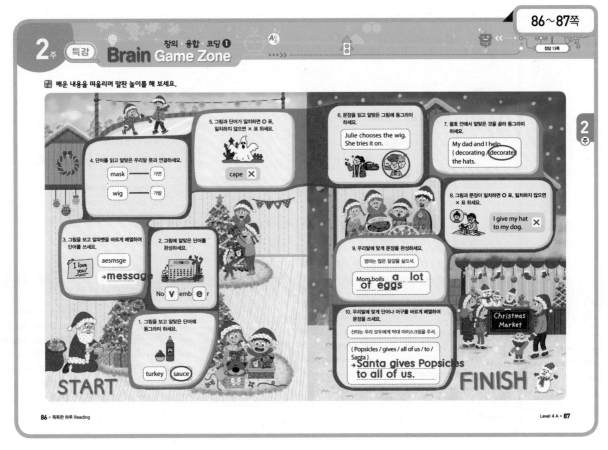

정답 • 13

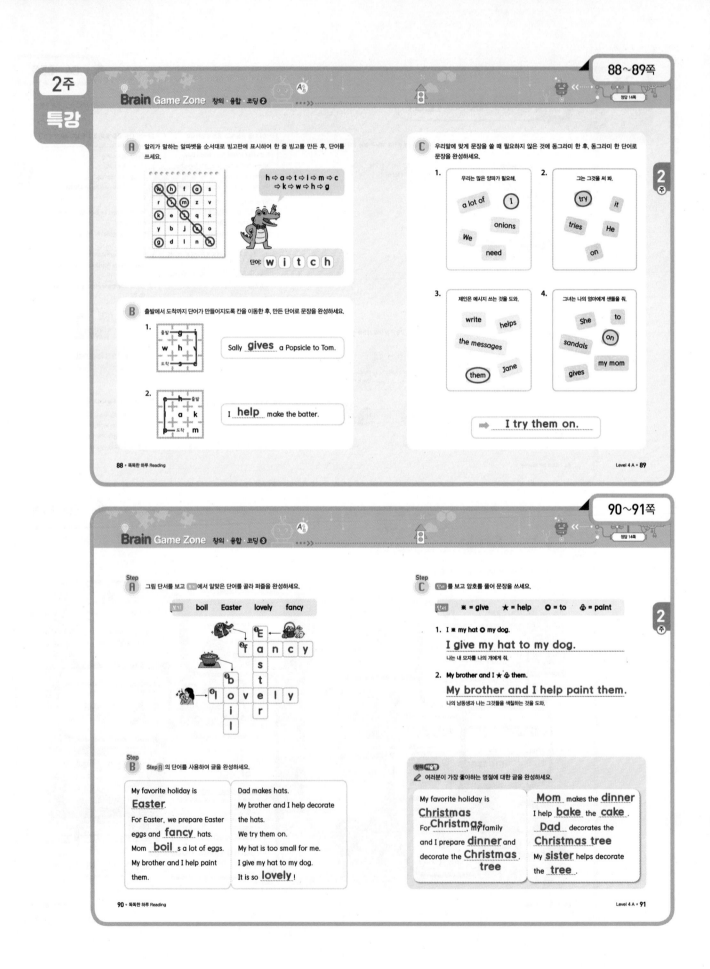

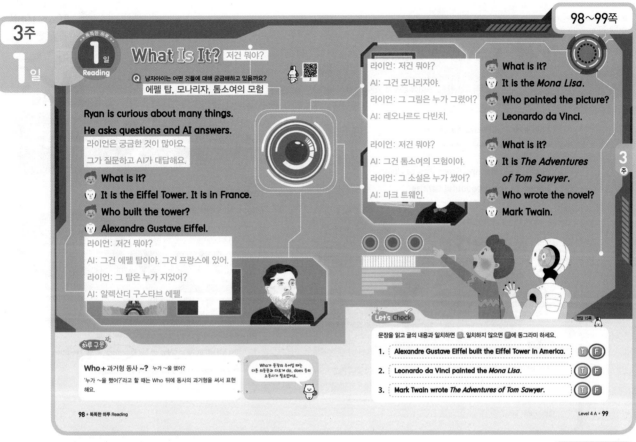

3주 1일

1일 Reading

What Is It? 저건 뭐야?

Q 남자아이는 어떤 것들에 대해 궁금해하고 있을까요?
에펠 탑, 모나리자, 톰소여의 모험

Ryan is curious about many things.
He asks questions and AI answers.
라이언은 궁금한 것이 많아요.
그가 질문하고 AI가 대답해요.

What is it?
It is the Eiffel Tower. It is in France.
Who built the tower?
Alexandre Gustave Eiffel.

라이언: 저건 뭐야?
AI: 그건 에펠 탑이야. 그건 프랑스에 있어.
라이언: 그 탑은 누가 지었어?
AI: 알렉산더 구스타브 에펠.

라이언: 저건 뭐야?
AI: 그건 모나리자야.
라이언: 그 그림은 누가 그렸어?
AI: 레오나르도 다빈치.

라이언: 저건 뭐야?
AI: 그건 톰소여의 모험이야.
라이언: 그 소설은 누가 썼어?
AI: 마크 트웨인.

What is it?
It is the *Mona Lisa*.
Who painted the picture?
Leonardo da Vinci.

What is it?
It is *The Adventures of Tom Sawyer*.
Who wrote the novel?
Mark Twain.

하루 구문

Who + 과거형 동사 ~? 누가 ~을 했어?
'누가 ~을 했어?'라고 할 때는 Who 뒤에 동사의 과거형을 써서 표현해요.

Who가 문장의 주어일 때는 다른 의문문과 다르게 do, does 등의 조동사가 필요없어요.

Let's Check

문장을 읽고 글의 내용과 일치하면 T, 일치하지 않으면 F에 동그라미 하세요.

1. Alexandre Gustave Eiffel built the Eiffel Tower in America. T (F)
2. Leonardo da Vinci painted the *Mona Lisa*. (T) F
3. Mark Twain wrote *The Adventures of Tom Sawyer*. (T) F

98 • 똑똑한 하루 Reading

Level 4 A • 99

1일 Reading

Let's Practice 집중 연습

▶ 정답 15쪽

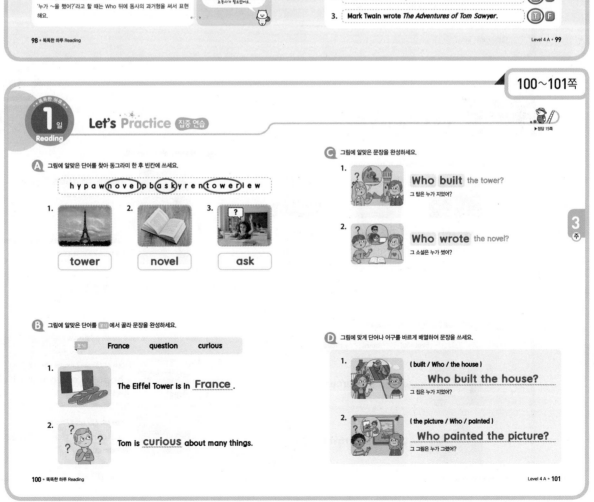

A 그림에 알맞은 단어를 찾아 동그라미 한 후 빈칸에 쓰세요.

h y p a w **n o v e l** p b **a s k** y r e n **t o w e r** l e w

1. tower
2. novel
3. ask

B 그림에 알맞은 단어를 보기에서 골라 문장을 완성하세요.

보기 France   question   curious

1. The Eiffel Tower is in France.
2. Tom is curious about many things.

C 그림에 알맞은 문장을 완성하세요.

1. Who built the tower?
그 탑은 누가 지었어?

2. Who wrote the novel?
그 소설은 누가 썼어?

D 그림에 맞게 단어나 어구를 바르게 배열하여 문장을 쓰세요.

1. (built / Who / the house)
Who built the house?
그 집은 누가 지었어?

2. (the picture / Who / painted)
Who painted the picture?
그 그림은 누가 그렸어?

100 • 똑똑한 하루 Reading

Level 4 A • 101

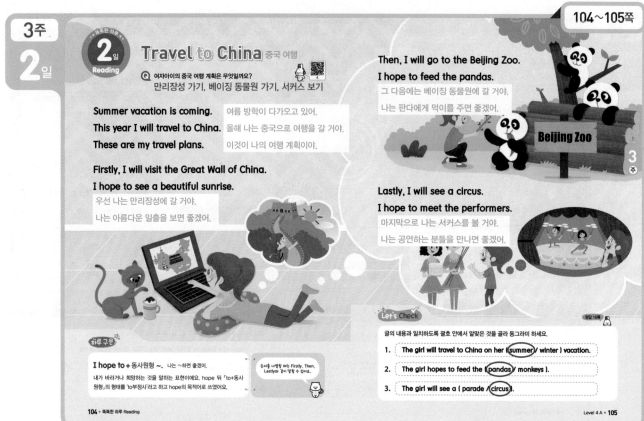

3주 2일

Travel to China 중국 여행

여자아이의 중국 여행 계획은 무엇일까요?
만리장성 가기, 베이징 동물원 가기, 서커스 보기

Summer vacation is coming.
This year I will travel to China.
These are my travel plans.

여름 방학이 다가오고 있어.
올해 나는 중국으로 여행을 갈 거야.
이것이 나의 여행 계획이야.

Firstly, I will visit the Great Wall of China.
I hope to see a beautiful sunrise.

우선 나는 만리장성에 갈 거야.
나는 아름다운 일출을 보면 좋겠어.

Then, I will go to the Beijing Zoo.
I hope to feed the pandas.

그 다음에는 베이징 동물원에 갈 거야.
나는 판다에게 먹이를 주면 좋겠어.

Beijing Zoo

Lastly, I will see a circus.
I hope to meet the performers.

마지막으로 나는 서커스를 볼 거야.
나는 공연하는 분들을 만나면 좋겠어.

하루 구문

I hope to + 동사원형 ~. 나는 ~하면 좋겠어.
내가 바라거나 희망하는 것을 말하는 표현이에요. hope 뒤 「to+동사
원형」의 형태를 'to부정사'라고 하고 hope의 목적어로 쓰였어요.

순서를 나열할 때는 Firstly, Then,
Lastly가 같이 맞말 수 있어요.

Let's Check

글의 내용과 일치하도록 괄호 안에서 알맞은 것을 골라 동그라미 하세요.

1. The girl will travel to China on her ((summer) / winter) vacation.
2. The girl hopes to feed the ((pandas) / monkeys).
3. The girl will see a (parade / (circus)).

104 • 똑똑한 하루 Reading

Level 4 A • 105

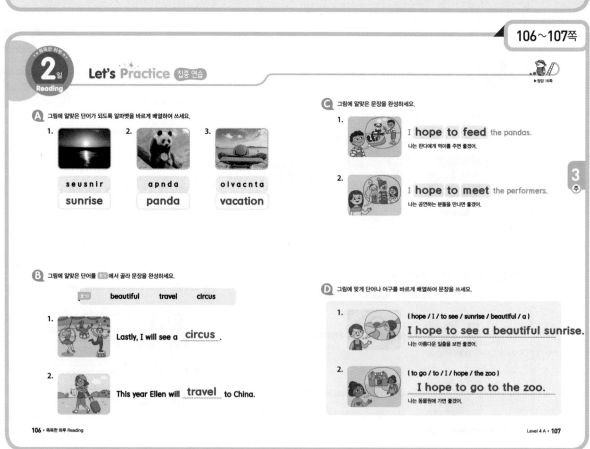

3주 2일

Let's Practice 집중 연습

▶정답 16쪽

A 그림에 알맞은 단어가 되도록 알파벳을 바르게 배열하여 쓰세요.

1. seusnir → sunrise
2. apnda → panda
3. olvacnta → vacation

C 그림에 알맞은 문장을 완성하세요.

1. I **hope to feed** the pandas.
   나는 판다에게 먹이를 주면 좋겠어.

2. I **hope to meet** the performers.
   나는 공연하는 분들을 만나면 좋겠어.

B 그림에 알맞은 단어를 보기 에서 골라 문장을 완성하세요.

보기   beautiful   travel   circus

1. Lastly, I will see a __circus__.

2. This year Ellen will __travel__ to China.

D 그림에 맞게 단어나 어구를 바르게 배열하여 문장을 쓰세요.

1. (hope / I / to see / sunrise / beautiful / a)
   I hope to see a beautiful sunrise.
   나는 아름다운 일출을 보면 좋겠어.

2. (to go / to / I / hope / the zoo)
   I hope to go to the zoo.
   나는 동물원에 가면 좋겠어.

106 • 똑똑한 하루 Reading

Level 4 A • 107

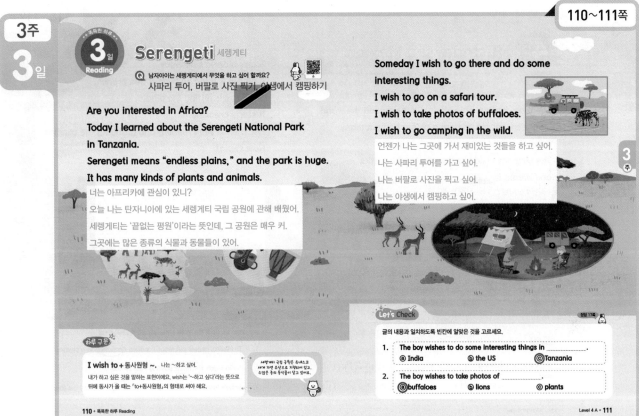

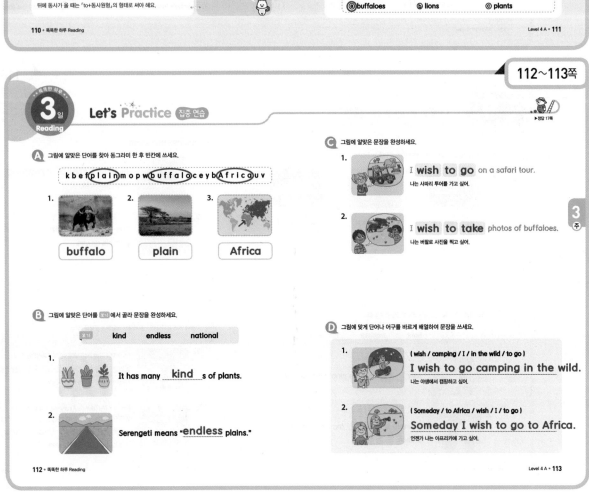

3주
4일

Birthdays in Mexico
멕시코에서의 생일
Q 멕시코에서의 특별한 생일 축하 전통은 무엇일까요?
피냐타를 막대기로 쳐서 깨트리기

There are various birthday traditions around the world.
In Mexico, people prepare a pinata and put many
candies in it.
The birthday child hits the pinata with a stick
and breaks it.

세계에는 다양한 생일 전통이 있어요.
멕시코에서는 사람들이 피냐타를 준비해서 그 안에 사탕을 많이 넣어요.
생일을 맞은 아이가 막대기로 피냐타를 쳐서 깨트려요.

Today is Sofia's birthday.
A pinata is hanging from a tree branch.
Sofia starts hitting the pinata.
It starts breaking.
Her friends start running and grabbing the candies.
How sweet!

오늘은 소피아의 생일이에요.
피냐타가 나뭇가지에 매달려 있어요.
소피아는 피냐타를 치기 시작해요.
피냐타가 깨지기 시작해요.
그녀의 친구들이 달려가서 사탕을 줍기 시작해요.
정말 달콤해요!

하루 구문

주어 + start + 동사원형ing ~. …는 ~하기 시작해.
주어가 어떤 행동을 시작한다고 말하는 표현이에요. start 뒤에 동사가
올 때는 동사원형에 ing를 붙인 형태로 써야 해요.

start 뒤에 쓰인 「동사원형ing」의 형태를 「동명사」라고 해요.

Let's Check

글의 내용과 일치하도록 괄호 안에서 알맞은 것을 골라 동그라미 하세요.

1. In Mexico, people put many (cookies / (candies)) in a pinata.

2. Sofia starts ((hitting) / shaking) the pinata.

3. Sofia's friends start running and ((grabbing) / putting) the candies.

116 • 똑똑한 하루 Reading

Level 4 A • 117

4일

Let's Practice 집중 연습

▶정답 18쪽

A 그림에 알맞은 단어를 찾아 동그라미 한 후 빈칸에 쓰세요.

1. e g r a b u h p → **grab**

2. o c h i l d w a → **child**

3. a s t i c k u t j → **stick**

B 그림에 알맞은 단어를 보기에서 골라 문장을 완성하세요.

보기   hang   tradition   hit

1. Amy ____hit____ s the pinata with a stick.

2. A pinata is ____hang____ ing from a tree branch.

C 그림에 알맞은 문장을 완성하세요.

1. The pinata **starts breaking** .
피냐타가 깨지기 시작해.

2. Tom **starts hitting** the pinata.
톰은 피냐타를 치기 시작해.

D 그림에 맞게 단어나 어구를 바르게 배열하여 문장을 쓰세요.

1. (starts / The birthday child / singing)
The birthday child starts singing.
생일을 맞은 아이가 노래를 부르기 시작해.

2. (start / My friends / running / the candies / and grabbing)
My friends start running and grabbing the candies.
내 친구들이 달려가서 사탕을 줍기 시작해.

118 • 똑똑한 하루 Reading

Level 4 A • 119

122~123쪽

3주

5일
Reading

In Egypt 이집트에서

Q 여자아이는 이집트에 가서 무엇을 하고 싶을까요?
나일강 보기

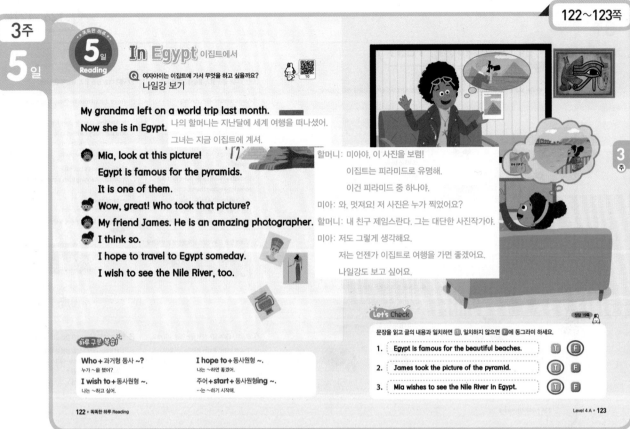

My grandma left on a world trip last month.
Now she is in Egypt.
나의 할머니는 지난달에 세계 여행을 떠나셨어.
그녀는 지금 이집트에 계셔.

Mia, look at this picture!
Egypt is famous for the pyramids.
It is one of them.
Wow, great! Who took that picture?
My friend James. He is an amazing photographer.
I think so.
I hope to travel to Egypt someday.
I wish to see the Nile River, too.

할머니: 미아야, 이 사진을 보렴!
이집트는 피라미드로 유명해.
이건 피라미드 중 하나야.
미아: 와, 멋져요! 저 사진은 누가 찍었어요?
할머니: 내 친구 제임스란다. 그는 대단한 사진작가야.
미아: 저도 그렇게 생각해요.
저는 언젠가 이집트로 여행을 가면 좋겠어요.
나일강도 보고 싶어요.

하루 구문 복습!

Who + 과거형 동사 ~?	I hope to + 동사원형 ~.
누가 ~을 했어?	나는 ~하면 좋겠어.
I wish to + 동사원형 ~.	주어 + start + 동사원형ing ~.
나는 ~하고 싶어.	…는 ~하기 시작해.

Let's Check

문장을 읽고 글의 내용과 일치하면 T, 일치하지 않으면 F에 동그라미 하세요.

1. Egypt is famous for the beautiful beaches. (T) **F**
2. James took the picture of the pyramid. **T** (F)
3. Mia wishes to see the Nile River in Egypt. (T) **F**

122 • 똑똑한 하루 Reading

Level 4 A • 123

124~125쪽

5일
Reading

Let's Practice 집중 연습

▶ 정답 19쪽

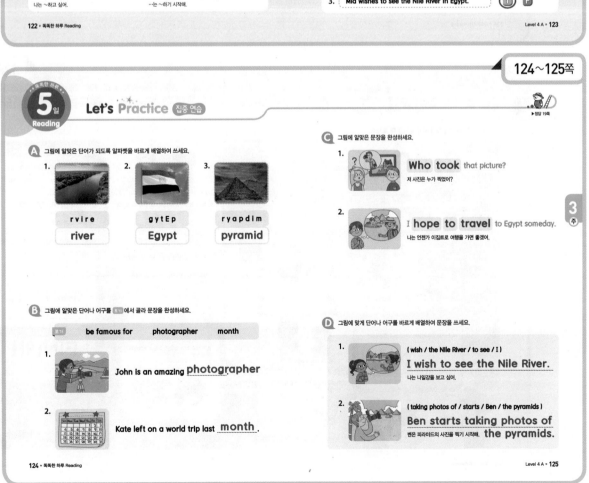

A 그림에 알맞은 단어가 되도록 알파벳을 바르게 배열하여 쓰세요.

1. rvire → **river**
2. gytEp → **Egypt**
3. ryapdim → **pyramid**

B 그림에 알맞은 단어나 어구를 보기에서 골라 문장을 완성하세요.

보기 | be famous for | photographer | month

1. John is an amazing **photographer**
2. Kate left on a world trip last **month** .

C 그림에 알맞은 문장을 완성하세요.

1. **Who took** that picture?
저 사진은 누가 찍었어?

2. I **hope to travel** to Egypt someday.
나는 언젠가 이집트로 여행을 가면 좋겠어.

D 그림에 맞게 단어나 어구를 바르게 배열하여 문장을 쓰세요.

1. (wish / the Nile River / to see / I)
I wish to see the Nile River.
나는 나일강을 보고 싶어.

2. (taking photos of / starts / Ben / the pyramids)
Ben starts taking photos of the pyramids.
벤은 피라미드의 사진을 찍기 시작해.

124 • 똑똑한 하루 Reading

Level 4 A • 125

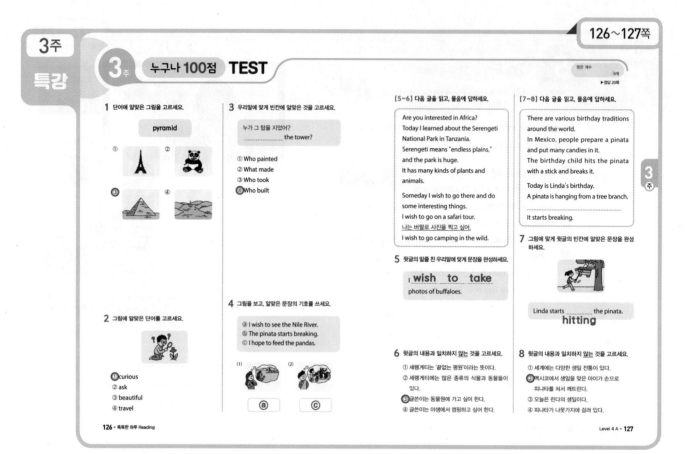

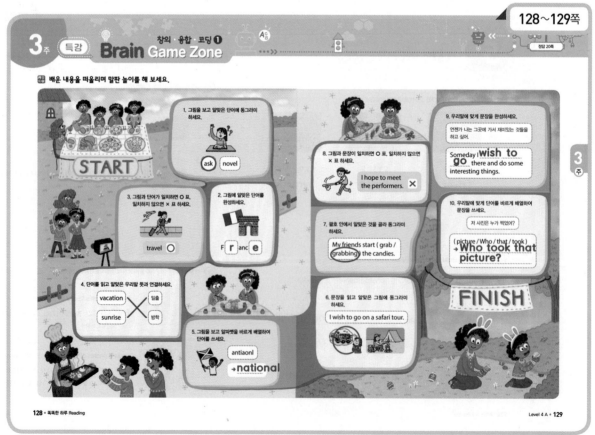

3주 특강

Brain Game Zone 창의·융합·코딩 ❷ 정답 21쪽

A 끝말잇기로 모든 기차 칸의 단어를 완성한 후, 마지막 단어와 우리말 뜻을 쓰세요.

curious Sunrise endless Stick kind

마지막 단어: **kind**
뜻: **종류**

B 다음 표에는 한글 자음이 숨겨져 있어요. 그림과 단어가 일치하는 칸에 색칠하여 숨겨진 한글 자음을 찾아 쓰세요.

national circus stick
month river child
sunrise novel photographer

한글 자음: **ㄷ**

C 지훈이가 흩어진 카드에서 단어를 골라 문장을 써야 해요. 나은이의 힌트를 읽고 지훈이가 써야 할 문장을 알아내 빈칸에 쓰세요.

starts When Who novel
writes will write Where
wrote the ?
doesn't write

1. 목적어는 the novel이야.
2. 현재의 일을 나타내는 문장은 아니야.
3. 미래의 일을 나타내는 문장도 아니야.
4. 부정의 뜻을 나타내지 않아.
5. 사람에 관해 물어보는 문장이야.

아하! 알겠다.
문장은 **Who wrote the novel?** 이야.

Brain Game Zone 창의·융합·코딩 ❸ 정답 21쪽

Step A 그림 단서를 보고 보기에서 알맞은 단어를 골라 퍼즐을 완성하세요.

보기 river pyramid month Egypt

E g y p t
y
r i v e r
a
m o n t h
i
d

Step B Step A 의 단어를 사용하여 글을 완성하세요. (필요한 경우 첫 글자를 대문자로 쓰세요.)

My grandma left on a world trip last **month**. Now she is in **Egypt**.

🔵 Mia, look at this picture! Egypt is famous for the **pyramid**s. It is one of them.

🔵 Wow, great! Who took that picture?

🔵 My friend James. He is an amazing photographer.

🔵 I think so. I hope to travel to Egypt someday. I wish to see the Nile **River**, too.

Step C 단서를 보고 암호를 풀어 문장을 쓰세요.

단서 ✹ = hope ★ = to ⊙ = Who ♥ = travel ♧ = took

1. I ✹ ★ ♥ to Egypt someday.
I hope to travel to Egypt someday.
나는 언젠가 이집트로 여행을 가면 좋겠어.

2. ⊙ ♧ that picture?
Who took that picture?
저 사진은 누가 찍었어?

창의 서술형

✏️ 여러분이 가 보고 싶은 여행지에 대한 글을 완성하세요.

China is famous for **the Great Wall of China**.
I hope to **see a beautiful sunrise** there.
China is famous for **its circus** too.

I hope to **meet the performers**.
I wish to travel to **China** someday and **take a lot of pictures**.

140~141쪽

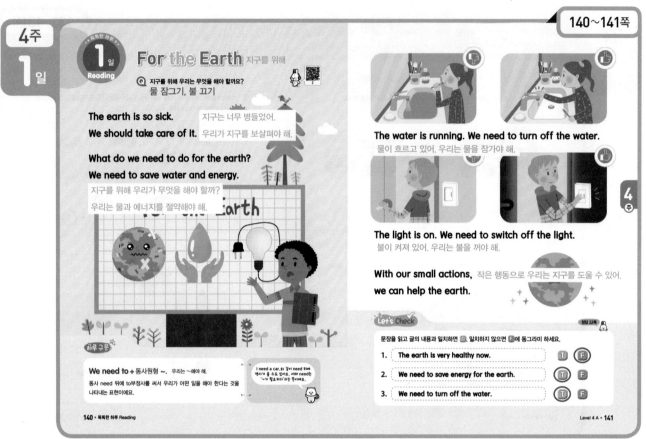

4주 1일

For the Earth 지구를 위해

Reading

Q 지구를 위해 우리는 무엇을 해야 할까요?
물 잠그기, 불 끄기

The earth is so sick. 지구는 너무 병들었어.
We should take care of it. 우리가 지구를 보살펴야 해.

What do we need to do for the earth?
We need to save water and energy.
지구를 위해 우리가 무엇을 해야 할까?
우리는 물과 에너지를 절약해야 해.

하루 구문

We need to + 동사원형 ~. 우리는 ~해야 해.
동사 need 뒤에 to부정사를 써서 우리가 어떤 일을 해야 한다는 것을
나타내는 표현이에요.

I need a car.처럼 need 뒤에
명사가 올 수도 있어요. 이때 need는
'~가 필요하다'라는 뜻이에요.

The water is running. We need to turn off the water.
물이 흐르고 있어. 우리는 물을 잠가야 해.

The light is on. We need to switch off the light.
불이 켜져 있어. 우리는 불을 꺼야 해.

With our small actions, 작은 행동으로 우리는 지구를 도울 수 있어.
we can help the earth.

Let's Check
정답 22쪽

문장을 읽고 글의 내용과 일치하면 T, 일치하지 않으면 F에 동그라미 하세요.

1. The earth is very healthy now. T (F)
2. We need to save energy for the earth. (T) F
3. We need to turn off the water. (T) F

140 · 똑똑한 하루 Reading

Level 4 A · 141

142~143쪽

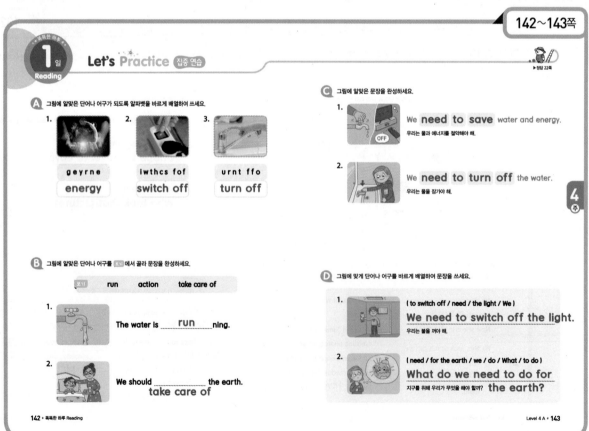

4주 1일

Let's Practice 집중 연습

Reading

▶ 정답 22쪽

A 그림에 알맞은 단어나 어구가 되도록 알파벳을 바르게 배열하여 쓰세요.

1. geyrne → **energy**
2. iwthcs fof → **switch off**
3. urnt ffo → **turn off**

B 그림에 알맞은 단어나 어구를 보기에서 골라 문장을 완성하세요.

보기   run   action   take care of

1. The water is _____run_____ning.

2. We should _____take care of_____ the earth.

C 그림에 알맞은 문장을 완성하세요.

1. We **need to save** water and energy.
우리는 물과 에너지를 절약해야 해.

2. We **need to turn off** the water.
우리는 물을 잠가야 해.

D 그림에 맞게 단어나 어구를 바르게 배열하여 문장을 쓰세요.

1. (to switch off / need / the light / We)
We need to switch off the light.
우리는 불을 꺼야 해.

2. (need / for the earth / we / do / What / to do)
What do we need to do for **the earth?**
지구를 위해 우리가 무엇을 해야 할까?

142 · 똑똑한 하루 Reading

Level 4 A · 143

4주

2일

2일
Reading

Polar Bears in Danger
위험에 처한 북극곰

Q 북극곰은 어떤 위험에 처해 있을까요?
집을 잃고 있음

Look at the polar bears.
They are sitting on small blocks of ice.
They seem in great danger.
They are losing their homes.

북극곰들을 보세요.
그들은 작은 얼음 덩어리 위에 앉아 있어요.
그들은 큰 위험에 처해 있는 것 같아요.
그들은 집을 잃고 있어요.

하루 구문

Don't forget to + 동사원형 ~. ~하는 것을 잊지 마.
앞으로 해야 할 것을 잊지 말라고 말하는 표현이에요. 「Don't+동사원형」의 형태인 부정 명령문이에요.

forget은 '잊다', '잊어버리다'라는 뜻의 동사로 뒤에 명사가 목적어로 올 수도 있어요. I forgot his name. (나는 그의 이름을 잊었어.)

How can you help them?
Don't forget to use your own cup.
Don't forget to use both sides of paper.
Don't forget to unplug the computer.
What else can you do? Any ideas?

여러분이 그들을 어떻게 도울 수 있을까요?
개인 컵을 사용하는 것을 잊지 마세요.
종이의 양면을 사용하는 것을 잊지 마세요.
컴퓨터의 플러그를 뽑는 것을 잊지 마세요.
이 외에 여러분은 무엇을 할 수 있을까요? 좋은 생각 있나요?

H E L P

Let's Check
정답 23쪽

글의 내용과 일치하도록 빈칸에 알맞은 것을 고르세요.

1. Polar bears are losing their _____.
   ⓐ meals   ⓑ family   ⓒ **homes**

2. Don't forget to _____ the computer.
   ⓐ **unplug**   ⓑ use   ⓒ buy

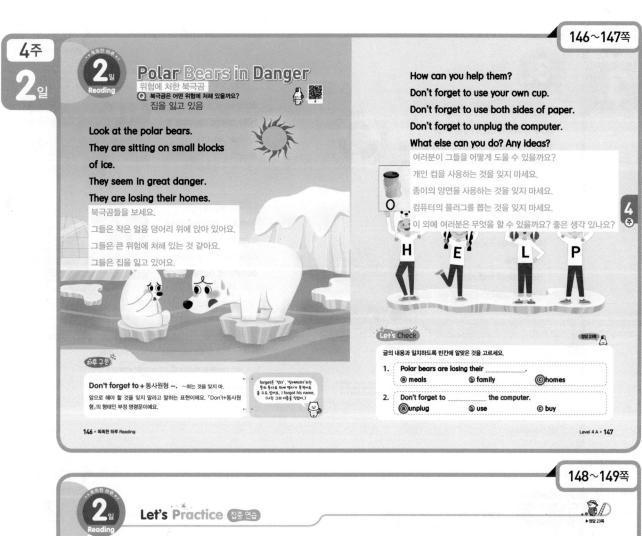

146 • 똑똑한 하루 Reading

Level 4 A • 147

2일
Reading

Let's Practice 집중 연습

▶정답 23쪽

A 그림에 알맞은 단어를 찾아 동그라미 한 후 빈칸에 쓰세요.

1. icekour → **ice**
2. unplugoe → **unplug**
3. tpapertul → **paper**

B 그림에 알맞은 단어를 보기 에서 골라 문장을 완성하세요.

보기   polar bear   danger   both

1. Look at the _____s.
   polar bear

2. They seem in great _____.
   danger

C 그림에 알맞은 문장을 완성하세요.

1. **Don't forget to use** your own cup.
   개인 컵을 사용하는 것을 잊지 마.

2. **Don't forget to unplug** the computer.
   컴퓨터의 플러그를 뽑는 것을 잊지 마.

D 그림에 맞게 단어나 어구를 바르게 배열하여 문장을 쓰세요.

1. (forget / Don't / water / to save)
   Don't forget to save water.
   물을 절약하는 것을 잊지 마.

2. (to use / Don't / of paper / both sides / forget)
   Don't forget to use both sides of paper.
   종이의 양면을 사용하는 것을 잊지 마.

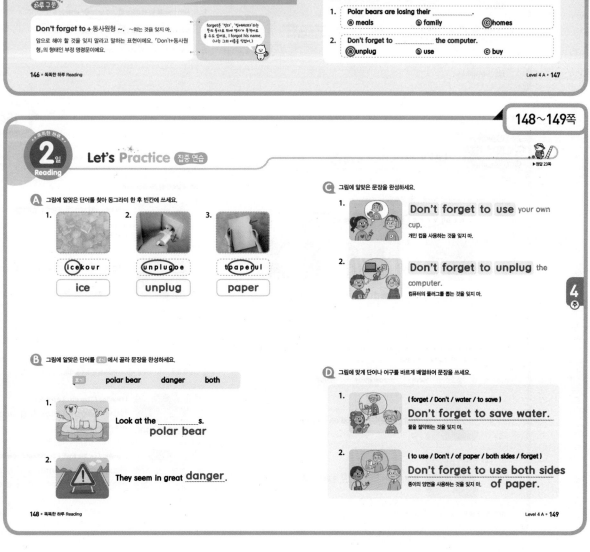

148 • 똑똑한 하루 Reading

Level 4 A • 149

4주 3일 Reading

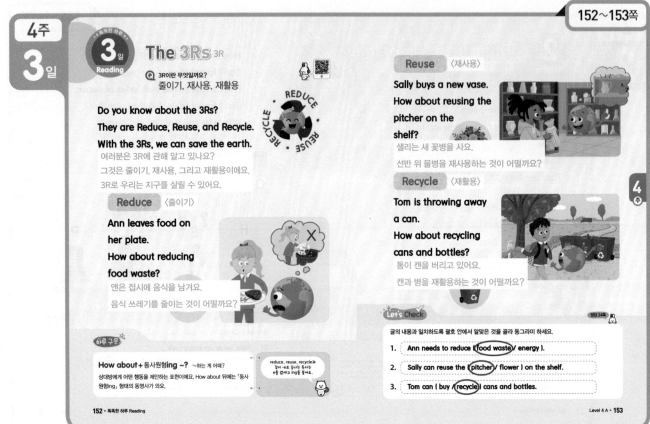

The 3Rs 3R

Q 3R이란 무엇일까요?
줄이기, 재사용, 재활용

Do you know about the 3Rs?
They are Reduce, Reuse, and Recycle.
With the 3Rs, we can save the earth.

여러분은 3R에 관해 알고 있나요?
그것은 줄이기, 재사용, 그리고 재활용이에요.
3R로 우리는 지구를 살릴 수 있어요.

Reduce 〈줄이기〉

Ann leaves food on her plate.
How about reducing food waste?

앤은 접시에 음식을 남겨요.
음식 쓰레기를 줄이는 것이 어떨까요?

Reuse 〈재사용〉

Sally buys a new vase.
How about reusing the pitcher on the shelf?

샐리는 새 꽃병을 사요.
선반 위 물병을 재사용하는 것이 어떨까요?

Recycle 〈재활용〉

Tom is throwing away a can.
How about recycling cans and bottles?

톰이 캔을 버리고 있어요.
캔과 병을 재활용하는 것이 어떨까요?

하루 구문

How about + 동사원형ing ~? ~하는 게 어때?
상대방에게 어떤 행동을 제안하는 표현이에요. How about 뒤에는 「동사원형ing」형태의 동명사가 와요.

reduce, reuse, recycle은 끝이 -e로 끝나는 동사라서 e를 없애고 ing를 붙여요.

Let's Check
정답 24쪽

글의 내용과 일치하도록 괄호 안에서 알맞은 것을 골라 동그라미 하세요.

1. Ann needs to reduce ((food waste)/ energy).
2. Sally can reuse the ((pitcher)/ flower) on the shelf.
3. Tom can (buy /(recycle)) cans and bottles.

3일 Reading

Let's Practice 집중 연습

▶ 정답 24쪽

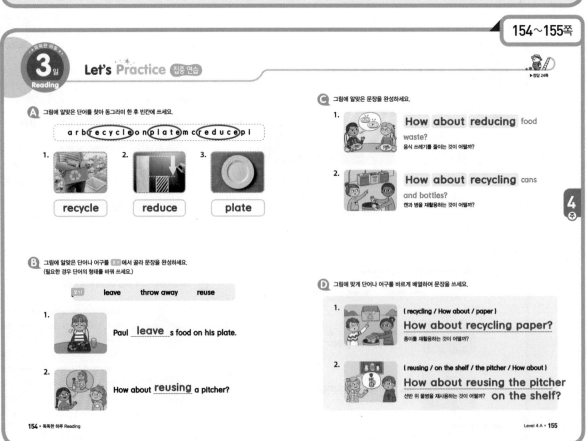

A 그림에 알맞은 단어를 찾아 동그라미 한 후 빈칸에 쓰세요.

a r b **r e c y c l e** o n **p l a t e** m c **r e d u c e** p i

1. recycle
2. reduce
3. plate

B 그림에 알맞은 단어나 어구를 보기 에서 골라 문장을 완성하세요.
(필요한 경우 단어의 형태를 바꿔 쓰세요)

보기   leave   throw away   reuse

1. Paul **leave**s food on his plate.

2. How about **reusing** a pitcher?

C 그림에 알맞은 문장을 완성하세요.

1. **How about reducing** food waste?
음식 쓰레기를 줄이는 것이 어떨까?

2. **How about recycling** cans and bottles?
캔과 병을 재활용하는 것이 어떨까?

D 그림에 맞게 단어나 어구를 바르게 배열하여 문장을 쓰세요.

1. (recycling / How about / paper)
How about recycling paper?
종이를 재활용하는 것이 어떨까?

2. (reusing / on the shelf / the pitcher / How about)
How about reusing the pitcher on the shelf?
선반 위 물병을 재사용하는 것이 어떨까?

158~159쪽

4주 4일

Earth Hour 어스 아워

Reading

Q 지구촌 전등 끄기 행사는 얼마 동안 진행되었을까요?
한 시간

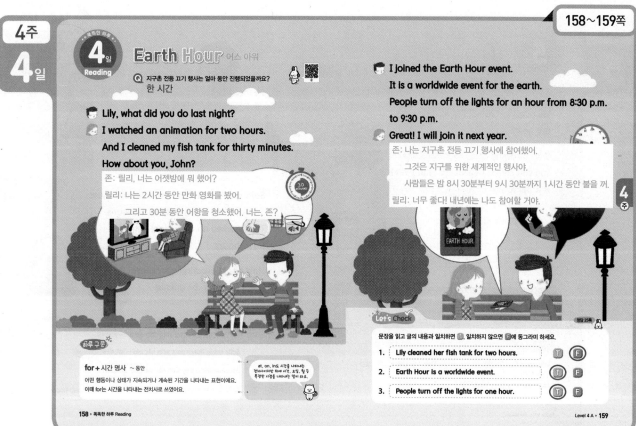

Lily, what did you do last night?

I watched an animation for two hours.
And I cleaned my fish tank for thirty minutes.
How about you, John?

존: 릴리, 너는 어젯밤에 뭐 했어?
릴리: 나는 2시간 동안 만화 영화를 봤어.
그리고 30분 동안 어항을 청소했어. 너는, 존?

I joined the Earth Hour event.
It is a worldwide event for the earth.
People turn off the lights for an hour from 8:30 p.m.
to 9:30 p.m.

Great! I will join it next year.

존: 나는 지구촌 전등 끄기 행사에 참여했어.
그것은 지구를 위한 세계적인 행사야.
사람들은 밤 8시 30분부터 9시 30분까지 1시간 동안 불을 꺼.
릴리: 너무 좋다! 내년에는 나도 참여할 거야.

하루 구문

for+ 시간 명사 ~ 동안
어떤 행동이나 상태가 지속되거나 계속된 기간을 나타내는 표현이에요.
이때 for는 시간을 나타내는 전치사로 쓰였어요.

at, on, in도 시간을 나타내는
전치사예요. at은 시각, on은 요일, 월 등
특정한 시점을 나타내는 말이 와요.

Let's Check

문장을 읽고 글의 내용과 일치하면 ⊤, 일치하지 않으면 Ｆ에 동그라미 하세요.

1. Lily cleaned her fish tank for two hours. Ｔ **Ｆ**
2. Earth Hour is a worldwide event. **Ｔ** Ｆ
3. People turn off the lights for one hour. **Ｔ** Ｆ

158 ∘ 똑똑한 하루 Reading

Level 4 A ∘ 159

160~161쪽

4일 Let's Practice 집중 연습

Reading

A 그림에 알맞은 단어가 되도록 알파벳을 바르게 배열하여 쓰세요.

1. timaanion → **animation**
2. ifsh ankt → **fish tank**
3. ourh → **hour**

B 그림에 알맞은 단어를 보기 에서 골라 문장을 완성하세요.

보기 event   worldwide   join

1. I __join__ ed the Earth Hour event.
2. It is a __worldwide__ event for the earth.

C 그림에 알맞은 문장을 완성하세요.

1. I cleaned my fish tank **for thirty minutes**.
나는 30분 동안 어항을 청소했어.

2. I watched an animation **for two hours**.
나는 2시간 동안 만화 영화를 봤어.

D 그림에 맞게 단어나 어구를 바르게 배열하여 문장을 쓰세요.

1. (the bedroom / for / cleaned / I / thirty minutes)
I cleaned the bedroom for thirty minutes.
나는 30분 동안 침실을 청소했어.

2. (turn off / an hour / for / the lights / People)
People turn off the lights for an hour.
사람들은 1시간 동안 불을 꺼.

160 ∘ 똑똑한 하루 Reading

Level 4 A ∘ 161

4주

5일

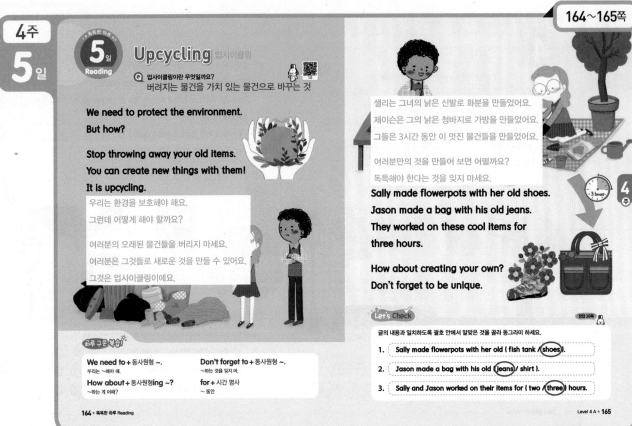

5일 Reading

Upcycling 업사이클링

Q 업사이클링이란 무엇일까요?
버려지는 물건을 가치 있는 물건으로 바꾸는 것

We need to protect the environment.
But how?

Stop throwing away your old items.
You can create new things with them!
It is upcycling.

우리는 환경을 보호해야 해요.
그런데 어떻게 해야 할까요?

여러분의 오래된 물건들을 버리지 마세요.
여러분은 그것들로 새로운 것을 만들 수 있어요.
그것은 업사이클링이에요.

샐리는 그녀의 낡은 신발로 화분을 만들었어요.
제이슨은 그의 낡은 청바지로 가방을 만들었어요.
그들은 3시간 동안 이 멋진 물건들을 만들었어요.

여러분만의 것을 만들어 보면 어떨까요?
독특해야 한다는 것을 잊지 마세요.

Sally made flowerpots with her old shoes.
Jason made a bag with his old jeans.
They worked on these cool items for
three hours.

How about creating your own?
Don't forget to be unique.

하루 구문 복습

We need to + 동사원형 ~.
우리는 ~해야 해.
How about + 동사원형ing ~?
~하는 게 어때?

Don't forget to + 동사원형 ~.
~하는 것을 잊지 마.
for + 시간 명사
~ 동안

Let's Check
정답 26쪽

글의 내용과 일치하도록 괄호 안에서 알맞은 것을 골라 동그라미 하세요.

1. Sally made flowerpots with her old (fish tank /(shoes)).

2. Jason made a bag with his old ((jeans)/ shirt).

3. Sally and Jason worked on their items for (two /(three)) hours.

164 • 똑똑한 하루 Reading

Level 4 A • 165

5일 Reading

Let's Practice 집중 연습

▶정답 26쪽

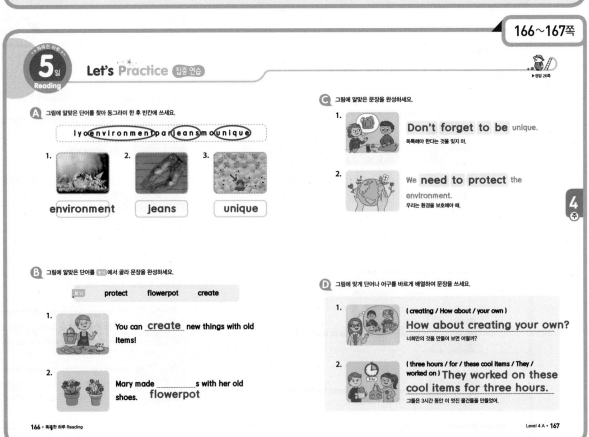

A 그림에 알맞은 단어를 찾아 동그라미 한 후 빈칸에 쓰세요.

lyo(environment)par(jeans)mo(unique)

1. **environment**

2. **jeans**

3. **unique**

B 그림에 알맞은 단어를 보기에서 골라 문장을 완성하세요.

보기   protect   flowerpot   create

1. You can **create** new things with old items!

2. Mary made _____s with her old shoes. **flowerpot**

C 그림에 알맞은 문장을 완성하세요.

1. **Don't forget to be** unique.
독특해야 한다는 것을 잊지 마.

2. **We need to protect the** environment.
우리는 환경을 보호해야 해.

D 그림에 맞게 단어나 어구를 바르게 배열하여 문장을 쓰세요.

1. (creating / How about / your own)
How about creating your own?
너희만의 것을 만들어 보면 어떨까?

2. (three hours / for / these cool items / They / worked on)
They worked on these cool items for three hours.
그들은 3시간 동안 이 멋진 물건들을 만들었어.

166 • 똑똑한 하루 Reading

Level 4 A • 167

4주 특강

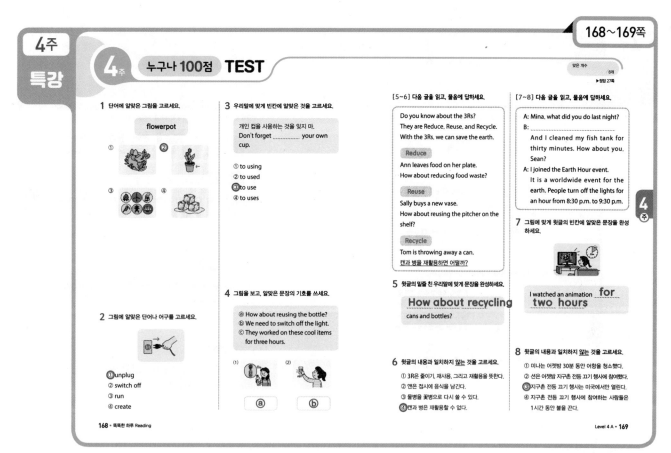

4주 누구나 100점 TEST

맞은 개수 8개
▶정답 27쪽

1 단어에 알맞은 그림을 고르세요.

flowerpot

① ② ③ ④

2 그림에 알맞은 단어나 어구를 고르세요.

① unplug
② switch off
③ run
④ create

3 우리말에 맞게 빈칸에 알맞은 것을 고르세요.

개인 컵을 사용하는 것을 잊지 마.
Don't forget _____ your own cup.

① to using
② to used
③ to use
④ to uses

4 그림을 보고, 알맞은 문장의 기호를 쓰세요.

ⓐ How about reusing the bottle?
ⓑ We need to switch off the light.
ⓒ They worked on these cool items for three hours.

(1) ⓐ (2) ⓑ

[5~6] 다음 글을 읽고, 물음에 답하세요.

Do you know about the 3Rs?
They are Reduce, Reuse, and Recycle.
With the 3Rs, we can save the earth.

Reduce
Ann leaves food on her plate.
How about reducing food waste?

Reuse
Sally buys a new vase.
How about reusing the pitcher on the shelf?

Recycle
Tom is throwing away a can.
캔과 병을 재활용하면 어떨까?

5 윗글의 밑줄 친 우리말에 맞게 문장을 완성하세요.

How about recycling cans and bottles?

6 윗글의 내용과 일치하지 않는 것을 고르세요.

① 3R은 줄이기, 재사용, 그리고 재활용을 뜻한다.
② 앤은 접시에 음식을 남긴다.
③ 물병을 꽃병으로 다시 쓸 수 있다.
④ 캔과 병은 재활용할 수 없다.

[7~8] 다음 글을 읽고, 물음에 답하세요.

A: Mina, what did you do last night?
B: _____
And I cleaned my fish tank for thirty minutes. How about you, Sean?
A: I joined the Earth Hour event.
It is a worldwide event for the earth. People turn off the lights for an hour from 8:30 p.m. to 9:30 p.m.

7 그림에 맞게 윗글의 빈칸에 알맞은 문장을 완성하세요.

I watched an animation **for two hours**

8 윗글의 내용과 일치하지 않는 것을 고르세요.

① 미나는 어젯밤 30분 동안 어항을 청소했다.
② 션은 어젯밤 지구촌 전등 끄기 행사에 참여했다.
③ 지구촌 전등 끄기 행사는 미국에서만 열린다.
④ 지구촌 전등 끄기 행사에 참여하는 사람들은 1시간 동안 불을 끈다.

4주 특강 Brain Game Zone

창의 · 융합 · 코딩 ❶

▶정답 27쪽

배운 내용을 떠올리며 말판 놀이를 해 보세요.

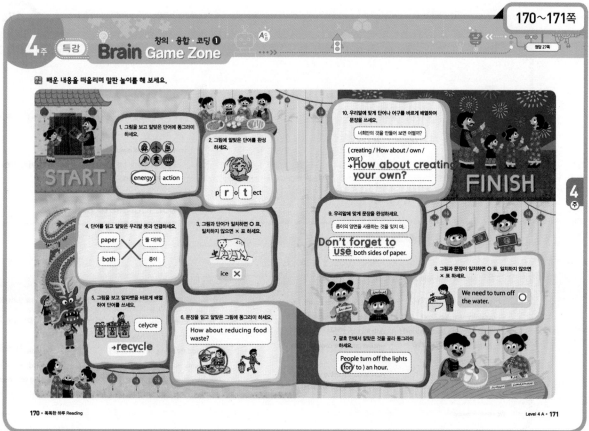

START

1. 그림을 보고 알맞은 단어에 동그라미 하세요.
energy / action

2. 그림에 알맞은 단어를 완성하세요.
p r o t ect

3. 그림과 단어가 일치하면 O 표, 일치하지 않으면 × 표 하세요.
ice ×

4. 단어를 읽고 알맞은 우리말 뜻과 연결하세요.
paper — 종이
both — 둘 다(의)

5. 그림을 보고 알파벳을 바르게 배열하여 단어를 쓰세요.
celycre → recycle

6. 문장을 읽고 알맞은 그림에 동그라미 하세요.
How about reducing food waste?

7. 괄호 안에서 알맞은 것을 골라 동그라미 하세요.
People turn off the lights (for / to) an hour.

8. 그림과 문장이 일치하면 O 표, 일치하지 않으면 × 표 하세요.
We need to turn off the water. O

9. 우리말에 맞게 문장을 완성하세요.
종이의 양면을 사용하는 것을 잊지 마.
Don't forget to **use** both sides of paper.

10. 우리말에 맞게 단어나 어구를 바르게 배열하여 문장을 쓰세요.
너희만의 것을 만들어 보면 어떨까?
(creating / How about / own / your)
→ **How about creating your own?**

FINISH

4주
특강

Brain Game Zone 창의·융합·코딩 ❷

정답 28쪽

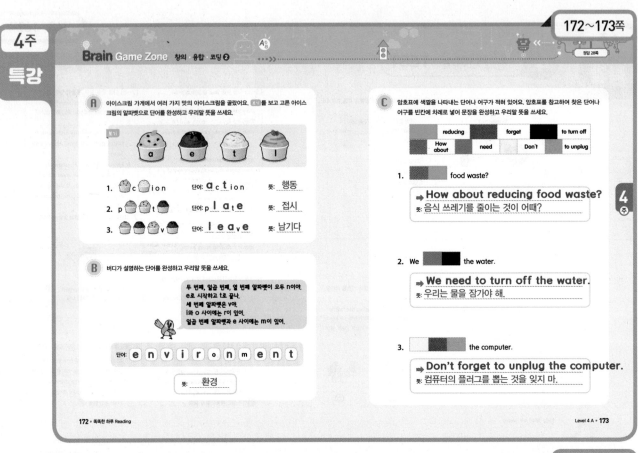

A 아이스크림 가게에서 여러 가지 맛의 아이스크림을 골랐어요. 보기를 보고 고른 아이스크림의 알파벳으로 단어를 완성하고 우리말 뜻을 쓰세요.

보기

1. c t ion 단어: a c t ion 뜻: 행동
2. p t 단어: p l a t e 뜻: 접시
3. v 단어: l e a v e 뜻: 남기다

B 버디가 설명하는 단어를 완성하고 우리말 뜻을 쓰세요.

두 번째, 일곱 번째, 열 번째 알파벳이 모두 n이야.
e로 시작하고 t로 끝나.
세 번째 알파벳은 v야.
i와 o 사이에는 r이 있어.
일곱 번째 알파벳과 e 사이에는 m이 있어.

단어: e n v i r o n m e n t

뜻: 환경

C 암호표에 색깔을 나타내는 단어나 어구가 적혀 있어요. 암호표를 참고하여 찾은 단어나 어구를 빈칸에 차례로 넣어 문장을 완성하고 우리말 뜻을 쓰세요.

| reducing | | forget | | to turn off |
| How about | need | | Don't | to unplug |

1. ▢▢ food waste?
→ **How about reducing food waste?**
뜻: 음식 쓰레기를 줄이는 것이 어때?

2. We ▢▢ the water.
→ **We need to turn off the water.**
뜻: 우리는 물을 잠가야 해.

3. ▢▢ the computer.
→ **Don't forget to unplug the computer.**
뜻: 컴퓨터의 플러그를 뽑는 것을 잊지 마.

Brain Game Zone 창의·융합·코딩 ❸

정답 28쪽

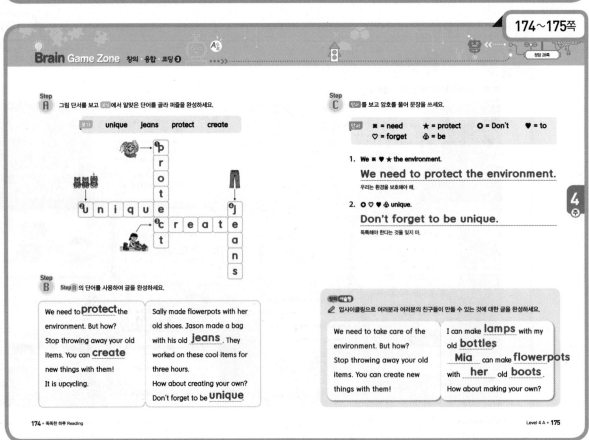

Step A 그림 단서를 보고 보기에서 알맞은 단어를 골라 퍼즐을 완성하세요.

보기 unique jeans protect create

p
r
o
t
u n i q u e
c r e a t e
t

j
e
a
n
s

Step B Step A 의 단어를 사용하여 글을 완성하세요.

We need to **protect** the environment. But how? Stop throwing away your old items. You can **create** new things with them! It is upcycling.

Sally made flowerpots with her old shoes. Jason made a bag with his old **jeans**. They worked on these cool items for three hours. How about creating your own? Don't forget to be **unique**

Step C 단서를 보고 암호를 풀어 문장을 쓰세요.

단서 ✳ = need ★ = protect ⊙ = Don't ♥ = to
♡ = forget ♣ = be

1. We ✳ ♥ ★ the environment.
We need to protect the environment.
우리는 환경을 보호해야 해.

2. ⊙ ♡ ♥ ♣ unique.
Don't forget to be unique.
독특해야 한다는 것을 잊지 마.

창의 서술형

✎ 업사이클링으로 여러분과 여러분의 친구들이 만들 수 있는 것에 대한 글을 완성하세요.

We need to take care of the environment. But how? Stop throwing away your old items. You can create new things with them!

I can make **lamps** with my old **bottles**
Mia can make **flowerpots** with **her** old **boots**.
How about making your own?